住心院文書

首藤善樹・坂口太郎・青谷美羽 編

思文閣出版

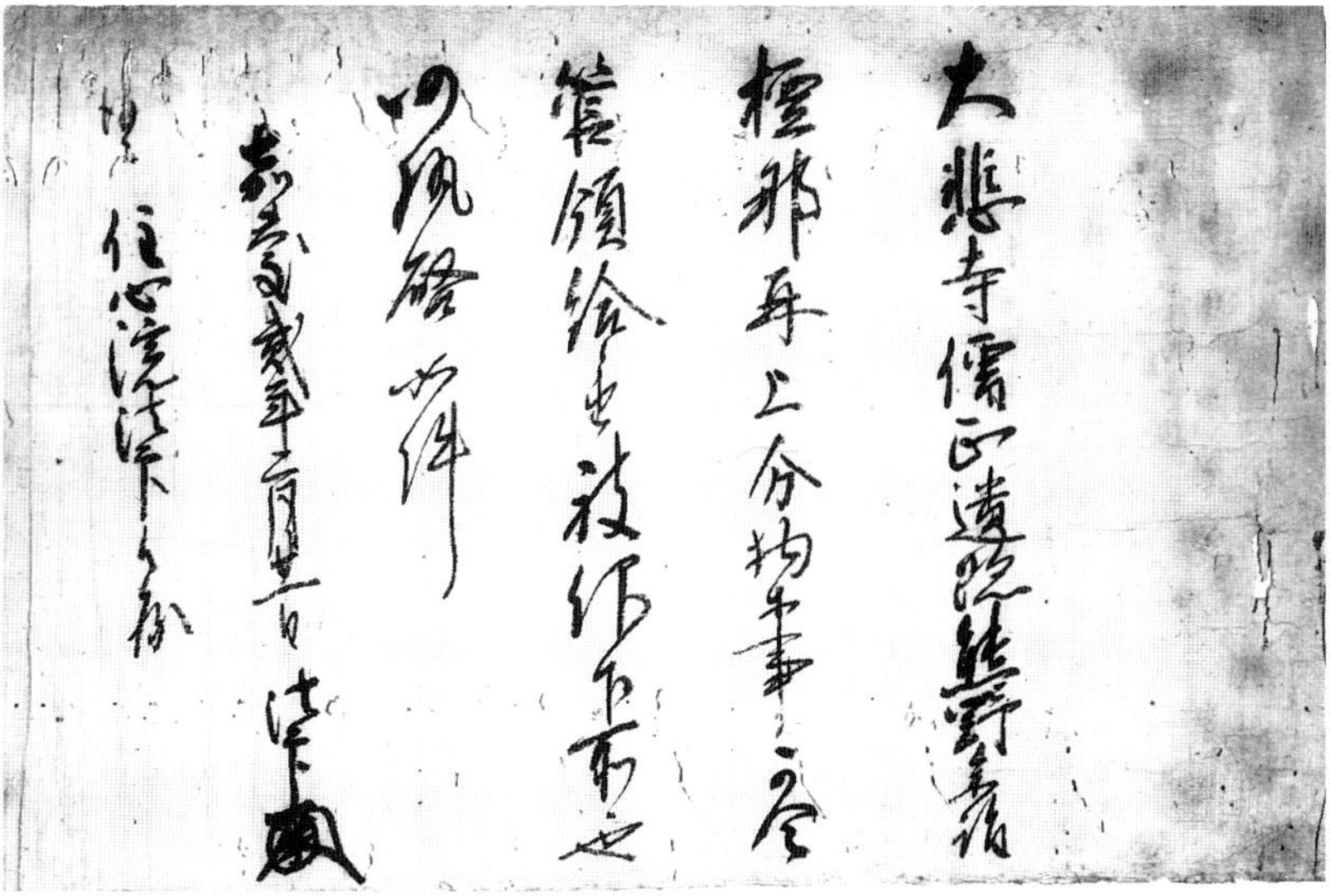

二号　法輪院良瑜御教書（嘉慶２年２月21日）　（本文７頁）

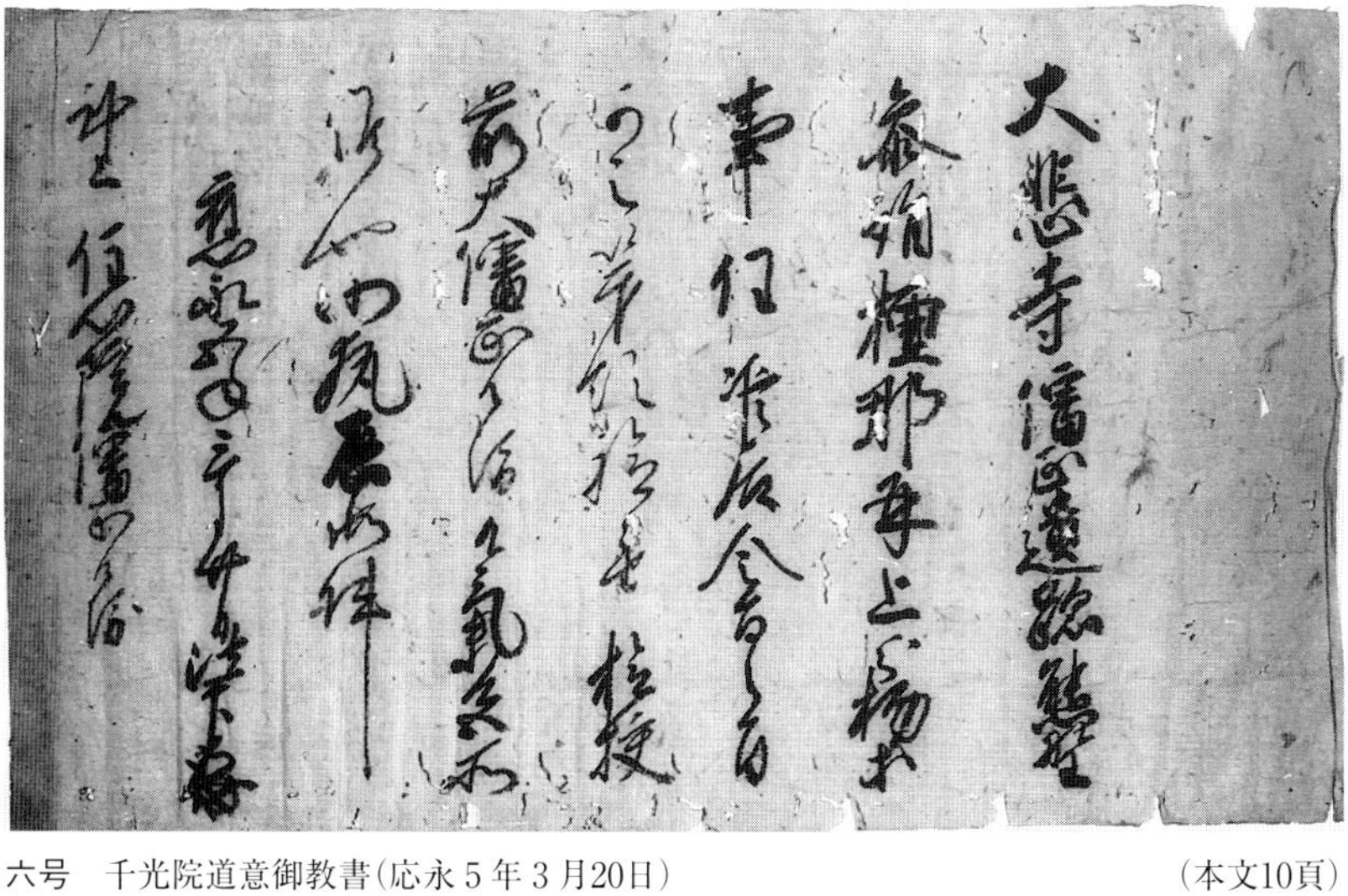

六号　千光院道意御教書（応永５年３月20日）　（本文10頁）

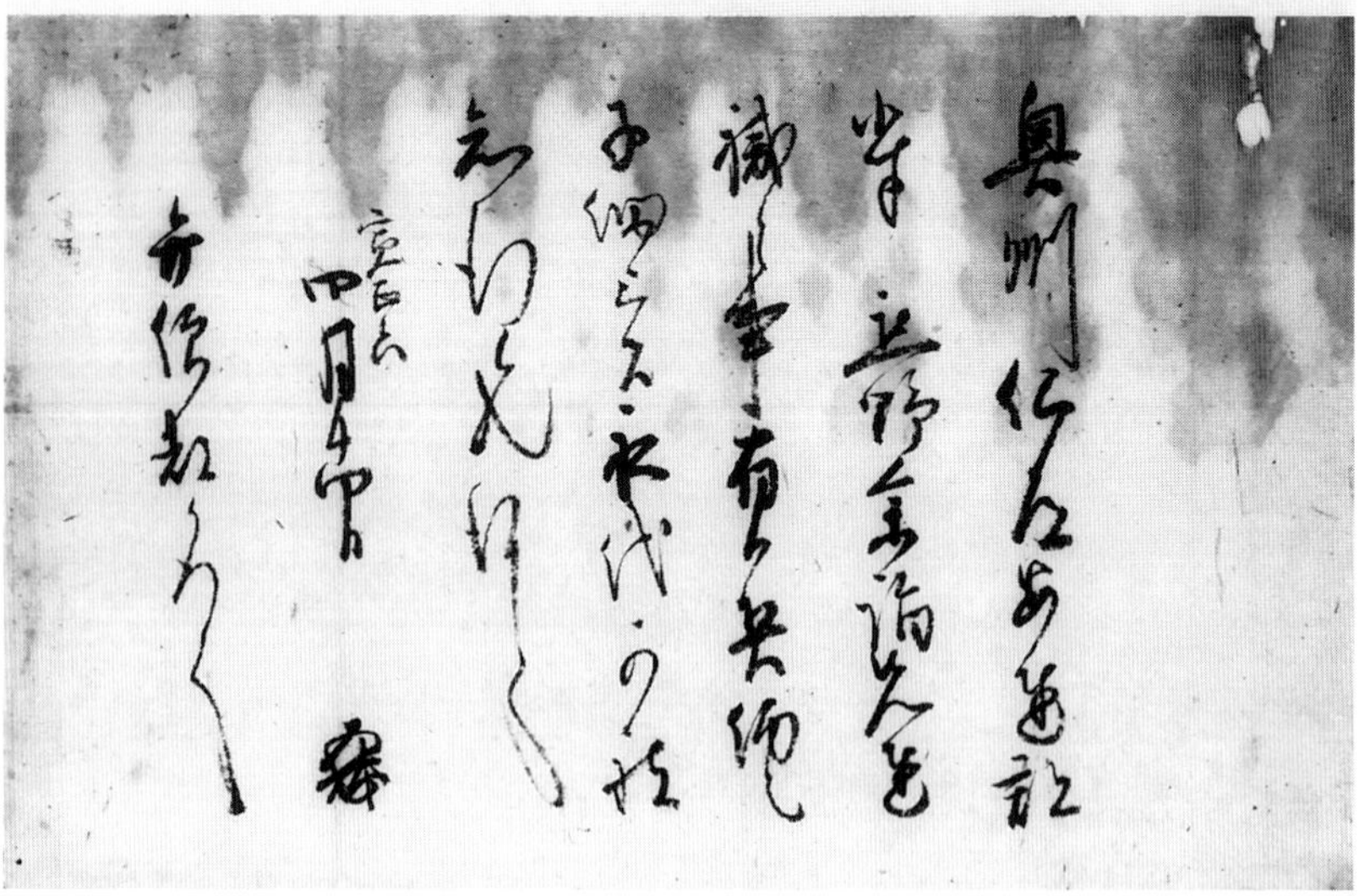

一六号　熊野参詣先達職安堵状（住心院公意　寛正６年４月14日）　（本文16頁）

四〇号　熊野参詣先達職知行安堵状（聖護院道興　年不詳12月13日）　（本文30頁）

六一号　聖護院道増書状（永禄８年４月28日）　（本文43頁）

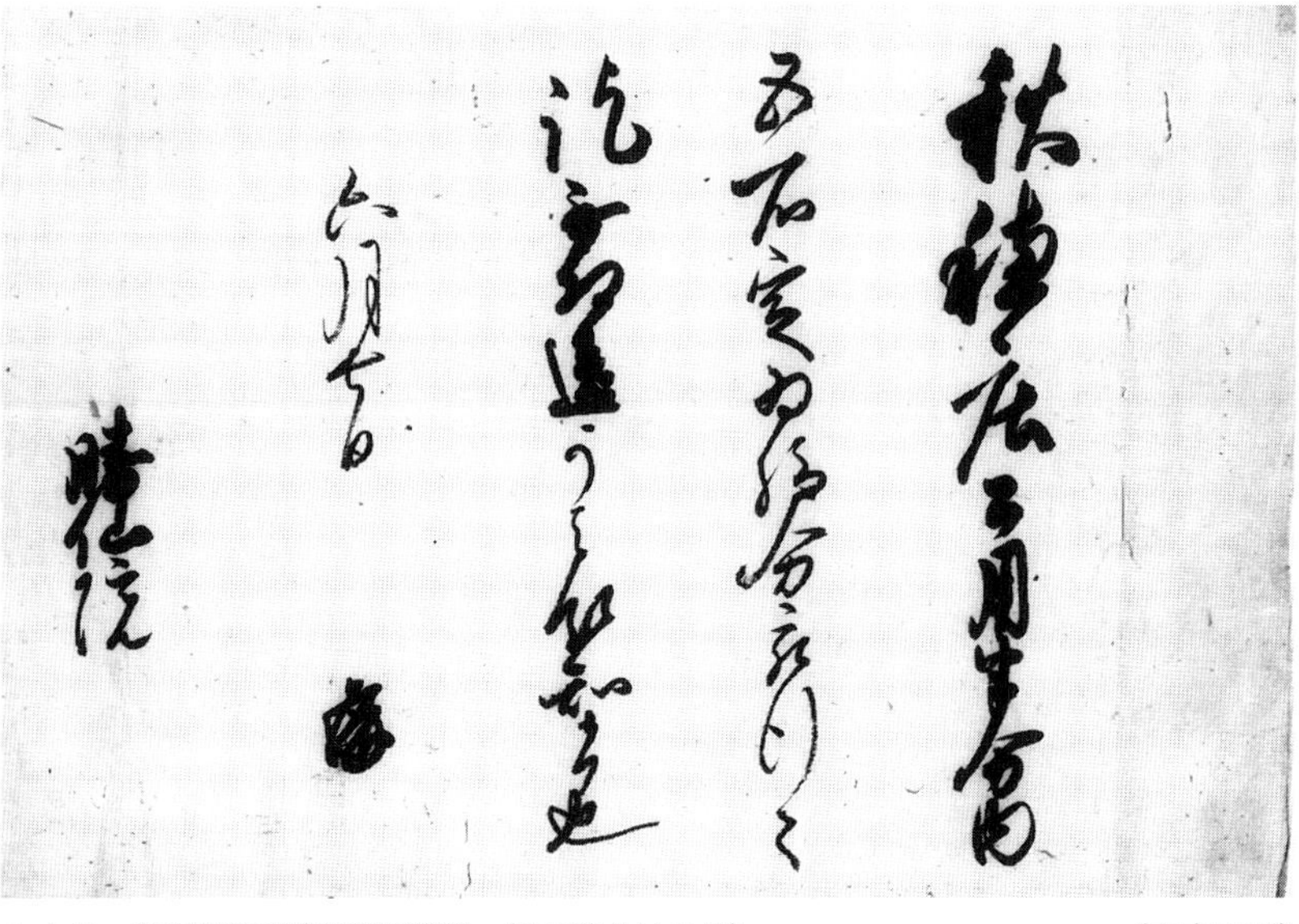

七六号　知行宛行状（聖護院道澄　年不詳６月７日）　（本文54頁）

一一三号　聖護院興意親王令旨(慶長10年４月16日)　　(本文78頁)

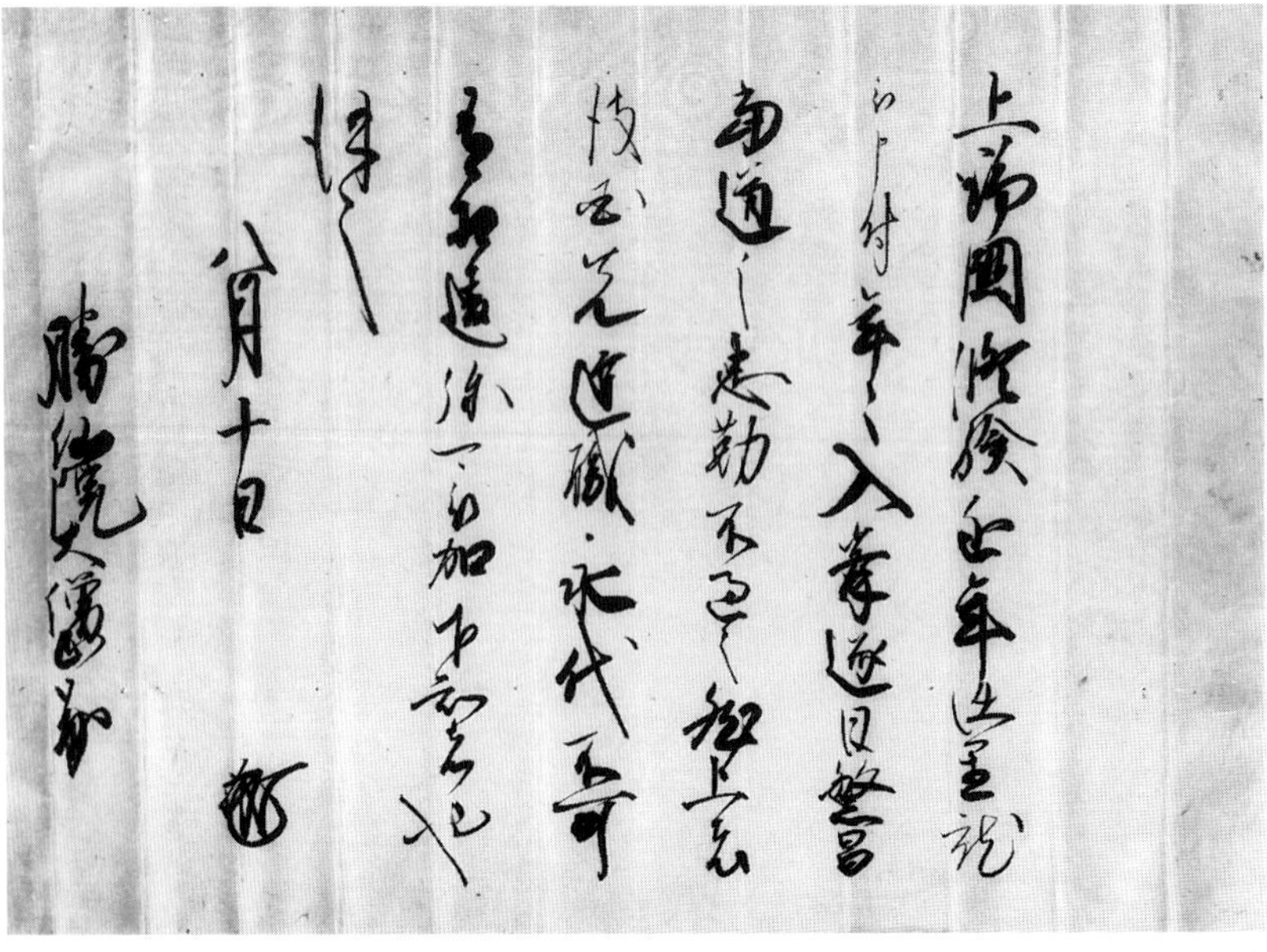

一三一号　上野国先達職安堵状(聖護院道晃親王　寛永17年８月10日)　　(本文89頁)

序

住心院は現在、京都郊外の岩倉に堂宇を構えているが、昭和六十三年までは洛中東洞院六角上ルにあり、かつては頂法寺六角堂の寺中であった。そして住心院は江戸時代中期まで勝仙院と名乗っていたのであり、また一方、住心院という名称の寺院も鎌倉時代以来の由緒があった（その経緯は解説に譲る）。さらに住心院は全国の本山派山伏を統べる聖護院門跡の院家先達として、明治初年まで全国的に広大な霞を所有していた。その霞の下には優に一万人を超すであろう年行事・准年行事・同行などがいて、実に本山派修験全体のおよそ半分近くの勢力を住心院が占めていた。また明治初年の神仏分離までは、京都東山今熊野の新熊野神社の別当も、代々住心院の住職が兼ねていた。

その住心院に貴重な古文書が伝わっていることは、早く大正十三年に中村直勝が『修験』誌五号に「御師と檀那と先達―住心院文書について―」と題して紹介したり、昭和二年に東京帝国大学史料編纂所によって住心院文書の影写本が作成されたり、さらに宮内庁書陵部にも「住心院蔵古文書」と題する影写本一冊が所蔵されるなど、学界ではよく知られていた。その住心院文書は室町時代いらいの先達の姿を書きとどめ、修験道史を研究するうえでかけ替えのない史料群となっている。しかし惜しくも、明治以降に相当数散逸したのも事実である。

このたび住心院に現蔵される文書を中心に、天理図書館保井文庫に収蔵される文書、東大史料編纂所の影写本にのみ残る文書、宮内庁書陵部の影写本、そして住心院から流出したと見られる文書を収集し、さらに幸い記録類に書き留められて残った文書や、若干ではあるが既刊の史料集に収載されている文書、あるいは聖護院文書の中からなど、住心院関係の史料を付け加え、『住心院文書』という一冊の史料集として出版を企図した次第である。

平成二十六年三月

首藤善樹
坂口太郎
青谷美羽

凡　例

一本書は明治に至るまで、本山修験院家先達であった住心院の所蔵文書を収め、出来る限り旧蔵文書も採集し、さらに若干の関連史料を併載したものである。

一原則として年月日順に配列したが、年代が確定できないものは適宜、その頃と思われる箇所、あるいは関連する文書に付随して収めた。

一校正作業中、滋賀県大津市園城寺所蔵住心院文書二十六点を調査する機会を得た。そのうち把握していなかった文書が十八点あり、その分は年代に拘わらず巻尾に付け加え追補した。

一翻刻にさいしては原則として現在通用の字体に改めたが、固有名詞など一部、歴史的な旧字体を残した場合もある。編者の判断で文書名を付け、適宜、句読点を打った。また原文書に見られる欠字・平出などは、その表示を割愛した。

一文書を理解する補助として、若干の注を付した。

一史料本文と注は三人の編者が責任を共有する共同作業であり、巻末の解説は各人が責任をもつ署名原稿とした。

目次

序……i
凡例……iii

住心院文書

一 関東下知状 文永 元年（一二六四） 十月廿五日……三
二 法輪院良瑜御教書 嘉慶 二年（一三八八） 二月廿一日……七
三 法輪院良瑜書状写 康応 元年（一三八九） 二月十一日……八
四 法輪院良瑜御教書写 康応 元年（一三八九） 二月十六日……八
五 甲斐国武田氏熊野参詣交名写 康応 元年（一三八九） 三月 二日……九
六 千光院道意御教書 応永 五年（一三九八） 三月 廿日……一〇
七 千光院道意御教書 応永廿九年（一四二二） 十月十九日……一〇
八 若王子忠意御教書写 応永 卅年（一四二三） 四月廿六日……一一
九 若王子忠意証判状写 応永卅一年（一四二四） 六月 二日……一一
一〇 千光院道意御教書写 応永卅一年（一四二四） 六月 七日……一二
一一 檀那願文 永享十二年（一四四〇） 八月廿九日……一二
一二 某書状案 長禄 三年（一四五九） 四月廿三日……一三
一三 某書状写 （年不詳） 四月 七日……一四

一四　檀那証文　寛正　三年（一四六二）　六月　十日……一四
一五　御師駿河守良忠書状　（年不詳）　三月十二日……一六
一六　熊野参詣先達職安堵状　寛正　六年（一四六五）　四月十四日……一六
一七　熊野参詣先達職安堵状　寛正　六年（一四六五）　四月十四日……一七
一八　津江玄猷・井口尊雅連署書状写　寛正　六年（一四六五）　四月廿三日……一八
一九　井口尊雅書状写　（年不詳）　四月廿一日……一八
二〇　聖護院道興書状　文正　元年（一四六六）　四月十五日……一九
二一　聖護院道興書状添状　文正　元年（一四六六）　四月十五日……二〇
二二　熊野檀那売券　文正　元年（一四六六）　四月十五日……二〇
二三　天王寺道者知行安堵状写　文正　元年（一四六六）　四月十九日……二一
二四　聖護院道興書状　文正　元年（一四六六）　六月廿二日……二二
二五　聖護院道興御書添状写　文正　元年（一四六六）　七月廿一日……二二
二六　弁僧都厳尊譲状写　文明　元年（一四六九）　七月廿三日……二三
二七　弁僧都厳尊譲状写　文明　元年（一四六九）　七月廿三日……二三
二八　弁僧都厳尊譲状写　文明　元年（一四六九）　七月廿三日……二四
二九　弁僧都厳尊譲状写　文明　元年（一四六九）　七月廿三日……二四
三〇　弁僧都厳尊譲状　文明　元年（一四六九）　七月廿三日……二四
三一　弁僧都厳尊譲状写　文明　元年（一四六九）　七月廿三日……二五
三二　檀那知行安堵状　文明　四年（一四七二）　五月十八日……二六
三三　津江玄猷・井口尊雅連署檀那売券写　文明　四年（一四七二）　八月十六日……二六

三四　後土御門天皇口宣案写　文明　五年（一四七三）　四月廿八日……二七
三五　熊野参詣先達職安堵状写　文明　八年（一四七六）　七月廿三日……二八
三六　聖護院道興御教書写　文明　八年（一四七六）　七月廿三日……二八
三七　甘露寺元長書状写　文明　八年（一四七六）　十二月廿四日……二九
三八　陸奥国檀那預り証文　文明　十年（一四七八）　八月　十日……二九
三九　検校准后御教書写　（年不詳）　二月廿八日……三〇
四〇　熊野参詣先達職知行安堵状　（年不詳）　十二月十三日……三〇
四一　檀那并房舎等譲状　大永　三年（一五二三）　七月廿三日……三一
四二　今川氏親書状　（年不詳）　三月廿八日……三二
四三　聖護院道増書状　（年不詳）　十月廿一日……三二
四四　聖護院道増御教書　天文十七年（一五四八）　七月廿五日……三三
四五　聖護院道増書状　（年不詳）　七月　七日……三四
四六　聖護院道増御教書　天文　廿年（一五五一）　七月廿三日……三四
四七　浅黄貝緒免許状　（年不詳）　七月廿五日……三五
四八　小山田信有書状　（年不詳）　六月　五日……三五
四九　平手政秀書状　（年不詳）　五月十七日……三六
五〇　穴山祐清書状　（年不詳）　五月　廿日……三六
五一　穴山信友書状　永禄　元年（一五五八）　閏六月二日……三七
五二　小山田虎満書状　永禄　元年（一五五八）　閏六月四日……三八
五三　今川義元書状　（年不詳）　三月　四日……三八

五四　毛利元就書状　（年不詳）　正月十三日……三九
五五　熊野参詣道先達代官職安堵状写　永禄　五年（一五六二）　五月　……四〇
五六　市川経好等連署書状　永禄　七年（一五六四）　五月　廿日……四〇
五七　毛利元就判物　永禄　七年（一五六四）　十二月廿二日……四一
五八　武田義信書状　（年不詳）　六月十二日……四一
五九　武田義信書状　（年不詳）　六月十二日……四二
六〇　聖護院道増書状　永禄　八年（一五六五）　四月廿八日……四二
六一　聖護院道増書状　永禄　八年（一五六五）　四月廿八日……四三
六二　聖護院道増書状　（年不詳）　二月十一日……四四
六三　持福院有誓・新熊野成慶連署書状草案　（年月日不詳）……四四
六四　穴山信君書状　永禄　十年（一五六七）　七月十四日……四五
六五　穴山信君書状　（年不詳）　七月　四日……四六
六六　穴山信君書状　（年不詳）　九月十八日……四七
六七　聖護院道増書状　永禄　十年（一五六七）　十二月十一日……四七
六八　聖護院道増書状　（年不詳）　六月　七日……四八
六九　今川直政書状　（年不詳）　八月廿九日……四八
七〇　武田信玄書状　（年不詳）　七月　八日……五〇
七一　武田信玄書状　（年不詳）　七月　十日……五一
七二　武田信玄書状　（年不詳）　七月十二日……五一
七三　武田信玄判物　永禄十一年（一五六八）　正月廿三日……五二

七四　武田信玄書状　永禄十一年(一五六八)三月　三日……五二
七五　足利義昭御内書　(年不詳)九月廿八日……五三
七六　知行宛行状　(年不詳)六月　七日……五四
七七　武田信玄条目　元亀　三年(一五七二)七月十三日……五四
七八　武田勝頼安堵状　天正　四年(一五七六)六月十七日……五五
七九　武田勝頼安堵状　天正　四年(一五七六)六月十七日……五五
八〇　武田勝頼書状　(年不詳)十月廿一日……五六
八一　浅黄貝緒免許状　天正　五年(一五七七)閏七月　四日……五六
八二　小山田玄怡書状　(年不詳)六月十七日……五七
八三　蘆田幸家書状　(年不詳)七月十三日……五八
八四　大槻高継書状　(年不詳)七月十二日……五八
八五　跡部勝資書状　(年不詳)十月廿一日……五九
八六　北条氏直判物　天正十一年(一五八三)正月十二日……六〇
八七　北条氏邦禁制　天正十一年(一五八三)三月廿八日……六一
八八　北条氏直判物　天正十二年(一五八四)三月　九日……六一
八九　盛楽坊明運請文　天正十三年(一五八五)八月廿三日……六二
九〇　毛利輝元書状　(年不詳)正月十三日……六三
九一　徳川家康黒印状　(年不詳)九月十一日……六三
九二　徳川家康書状　(年不詳)十月廿八日……六四
九三　徳川氏奉行人連署状　天正十五年(一五八七)九月　晦日……六四

九四　是庵如雪書状　（年不詳）十月十五日……六五
九五　是庵如雪書状　（年不詳）十月　晦日……六六
九六　本多広孝書状　（年不詳）十一月三日……六七
九七　本多広孝書状　（年不詳）五月廿八日……六七
九八　本多広孝書状　（年不詳）十月十二日……六八
九九　本多広孝書状　（年不詳）十月十六日……六九
一〇〇　本多広孝書状　（年不詳）十月廿六日……六九
一〇一　酒井忠次書状　（年不詳）十月十九日……七〇
一〇二　酒井忠次書状　（年不詳）十一月　二日……七一
一〇三　酒井忠次書状　（年不詳）三月廿四日……七一
一〇四　徳川家康朱印状　天正　廿年（一五九二）正月廿三日……七二
一〇五　聖護院道澄書状　（年不詳）九月十六日……七三
一〇六　小野高光書状　（年不詳）十二月晦日……七三
一〇七　秦比高寛書状　（年不詳）十二月廿九日……七四
一〇八　雑務坊源春書状　（年不詳）四月廿三日……七四
一〇九　杉本坊周為・雑務坊源春連署書状　（年不詳）三月廿一日……七五
一一〇　柴庵玄派・雑務坊源春連署書状　（年不詳）八月　十日……七六
一一一　後陽成天皇口宣案　文禄　四年（一五九五）五月十五日……七七
一一二　後陽成天皇口宣案　慶長　三年（一五九八）七月　三日……七七
一一三　聖護院興意親王令旨　慶長　十年（一六〇五）四月十六日……七八

一一四　聖護院興意親王書状　（年不詳）正月十二日……七八
一一五　先達代官補任状　慶長　十年（一六〇五）八月……七九
一一六　池坊専好屋敷譲状　慶長十五年（一六一〇）閏二月十七日……七九
一一七　大井法花堂遺跡安堵状　慶長　廿年（一六一五）閏六月　五日……八〇
一一八　金地院崇伝・板倉勝重連署書状　元和　元年（一六一五）八月廿四日……八〇
一一九　勝仙院増堅書状　元和　元年（一六一五）九月　一日……八一
一二〇　後水尾天皇口宣案　元和　三年（一六一七）三月廿三日……八二
一二一　徳川秀忠黒印状　（年不詳）十一月十二日……八二
一二二　徳川秀忠黒印状　（年不詳）霜月　晦日……八三
一二三　野中助右衛門等連署書状　（年不詳）六月廿九日……八三
一二四　勝仙院澄存書状　（年不詳）三月廿七日……八四
一二五　勝仙院澄存書状写　（年不詳）七月　三日……八五
一二六　後水尾天皇口宣案　寛永　元年（一六二四）十二月廿五日……八六
一二七　後水尾天皇口宣案　寛永　四年（一六二七）正月十二日……八六
一二八　明正天皇口宣案写　寛永　七年（一六三〇）正月十一日……八七
一二九　極楽院証文借用状　寛永　九年（一六三二）十月廿九日……八七
一三〇　明正天皇口宣案　寛永十四年（一六三七）三月　二日……八八
一三一　上野国先達職安堵状　寛永十七年（一六四〇）八月　十日……八九
一三二　聖護院道晃親王書状　寛永十七年（一六四〇）八月　十日……八九
一三三　後光明天皇口宣案　慶安　五年（一六五二）三月　廿日……九〇

一三四　聖護院道晃親王・道寛親王連署依頼状写　（年不詳）霜月　八日……九〇
一三五　若王子澄存処分状　慶安　五年（一六五二）七月……九一
一三六　江戸幕府高家衆達書写　承応　元年（一六五二）八月廿五日……九八
一三七　御檀那配分之帳　承応　元年（一六五二）十一月　五日……一〇一
一三八　後光明天皇口宣案　承応　二年（一六五三）十二月廿四日……一〇四
一三九　後西天皇口宣案　明暦　二年（一六五六）五月　二日……一〇五
一四〇　後西天皇口宣案　万治　元年（一六五八）閏十二月廿二日……一〇五
一四一　後西天皇宣旨　万治　元年（一六五八）後十二月廿二日院……一〇六
一四二　後西天皇口宣案　寛文　元年（一六六一）十二月廿四日……一〇六
一四三　霊元天皇口宣案　寛文　五年（一六六五）三月　五日……一〇七
一四四　新熊野社別当職補任状　（年不詳）七月廿三日……一〇七
一四五　霊元天皇口宣案　延宝　元年（一六七三）十一月十九日……一〇八
一四六　霊元天皇口宣案　延宝　六年（一六七八）三月廿四日……一〇九
一四七　霊元天皇口宣案　延宝　八年（一六八〇）二月　三日……一〇九
一四八　霊元天皇口宣案　延宝　九年（一六八一）八月十六日……一一〇
一四九　霊元天皇口宣案　天和　元年（一六八一）十一月廿一日……一一〇
一五〇　霊元天皇口宣案　貞享　二年（一六八五）五月廿二日……一一一
一五一　駿河・遠江国先達職補任状　貞享　三年（一六八六）五月十五日……一一一
一五二　肥前国先達職補任状　貞享　三年（一六八六）五月十五日……一一二
一五三　霊元天皇口宣案　貞享　四年（一六八七）二月十三日……一一三

一五四　中務光有・岩坊祐勝連署書状　元禄　三年（一六九〇）　九月廿五日……一一三
一五五　東山天皇宣旨　元禄　六年（一六九三）　五月　六日……一一四
一五六　丹波国先達職免許状　元禄　七年（一六九四）　四月十一日……一一四
一五七　東山天皇口宣案　元禄十三年（一七〇〇）　十二月　九日……一一五
一五八　東山天皇口宣案　宝永　二年（一七〇五）　二月廿五日……一一五
一五九　紫房結袈裟免許状　正徳　三年（一七一三）　七月　五日……一一六
一六〇　中御門天皇口宣案　享保　二年（一七一七）　四月　三日……一一六
一六一　中御門天皇口宣案　享保　二年（一七一七）　十二月廿五日……一一七
一六二　中御門天皇口宣案　享保　九年（一七二四）　八月　卅日……一一七
一六三　中御門天皇口宣案　享保十一年（一七二六）　十二月廿四日……一一八
一六四　中御門天皇口宣案　享保十八年（一七三三）　六月　七日……一一九
一六五　中御門天皇宣旨　享保十八年（一七三三）　六月　七日……一一九
一六六　後桜町天皇口宣案　明和　六年（一七六九）　十月十五日……一二〇
一六七　後桜町天皇口宣案　明和　七年（一七七〇）　正月廿九日……一二〇
一六八　後桃園天皇口宣案　安永　元年（一七七二）　十二月十五日……一二一
一六九　後桃園天皇口宣案　安永　元年（一七七二）　十二月十五日……一二一
一七〇　権僧正勅許請文写　天明　二年（一七八二）　二月　七日……一二二
一七一　光格天皇口宣案　寛政　十年（一七九八）　二月三十日……一二三
一七二　光格天皇口宣案　文化十一年（一八一四）　正月廿七日……一二三
一七三　光格天皇口宣案　文化十一年（一八一四）　五月廿五日……一二四

一七四　光格天皇口宣案　文化十二年（一八一四）　八月十一日……………一二四
一七五　仁孝天皇口宣案　天保　二年（一八三一）　十二月　十日……………一二五
一七六　孝明天皇綸旨　（年不詳）　十一月廿三日……………一二五
一七七　明治天皇口宣案　慶応　三年（一八六七）　三月廿三日……………一二六
一七八　明治天皇口宣案　慶応　三年（一八六七）　三月廿三日……………一二七
一七九　平等院由緒書　（年月日不詳）……………一二七
一八〇　三暦　（年月日不詳）……………一二九
一八一　住心院古代中興歴数并勝仙院歴代　（年月日不詳）……………一三一
一八二　住心院伝記　（年月日不詳）……………一三四
一八三　六角興緒故実　（年月日不詳）……………一四三
一八四　住心院過去帳　（年月日不詳）……………一四六
一八五　聖護院道興書状写　延徳　二年（一四九〇）　八月　七日……………一四八
一八六　聖護院道興書状　（年不詳）　二月　八日……………一四九
一八七　武田義信書状　（年不詳）　六月十二日……………一四九
一八八　聖護院道澄書状　（年不詳）　七月廿四日……………一五〇
一八九　甘利信忠書状　永禄　十年（一五六七）　七月　八日……………一五〇
一九〇　敏満寺西福院宋澄書状　永禄十一年（一五六八）　正月廿六日……………一五一
一九一　聖護院道澄書状　（年不詳）　七月廿六日……………一五二
一九二　聖護院道澄書状　（年不詳）　七月廿三日……………一五三
一九三　聖護院道澄書状　天正　八年（一五八〇）後　三月十九日……………一五三

解説

住心院文書

一　関東下知状

（前欠）

□(一)　衆[　　　　]別当進退否事

右対決之処、如隆覚等申者、建久・承久御教書者、被下寺僧等中畢。非別当進止之条、明鏡也。当寺楽人・舞人参拾陸人所帯者、寺家全不致其妨。至寺僧分、争可令進退哉。右大将家御時、別当理乗房致非例之間、依衆徒之訴訟、被改易畢。代々別当不致濫妨之処、当時為別当進退、令宛行之条□（無カ）其謂云々。如栄賢申者、建久・承久御教書事、或被止国中地頭之妨、或給衆徒身暇之由、被載之。非地頭進止之由、所不見也。最初別当賢祐令寄進講田以来、無縁之衆徒歎申之時、為寺中興隆、寄置講田・給田・祭田事、及百陸拾町歟。是併寺僧之依怙、別当之進止也。被召出代々任符、不可有其隠。楽人・舞人所帯事、自上令拝領之間、不足准拠云々。隆覚申云、衆徒所帯、清衡・基衡・秀衡之時、有補任之供僧。又代々別当之時、有寄付之料田。本新不各別。有其闕之時者、依衆徒之挙、撰法器之仁、別当所成下知状也。准恩顧、不可号別当進退。不相論之外、不成任符。如承久元年御下知者、中尊寺供僧四人、或本所兼帯之、或一向新供僧也。与別当遂対問、可安堵之由、被仰下之上、不及子細云々。栄賢申云、右大将家御時、為没収之地、被補別当畢。本供僧一向進退之。況於新供僧哉。又相論之時、依法器任道理、令裁許之条、勿論也。又無相論之外、不成任符之由、令申之条無実也。可被問衆徒歟云々。爰如衆徒所進右大将家建久二年十月十日御下知状案者、下陸奥国地頭等、可令早停止其妨、任先例、致沙汰平泉寺領事、右地頭等寄望彼寺領致妨事、可令停止也。縦於堂塔者、為荒廃之地、雖無仏聖灯油之勤、至地頭等者、可令停止押領云々。如建久十年三月廿九日政所下文者、下陸奥国伊沢郡、可早以日高林内中尊帝釈堂寺田参町勤行仏事等事云々。如信濃守六月廿五日（不記年号）。奉書者、当国中尊・毛越寺僧訴訟事、条々聞食披畢。別当職、以他人、可被改補也。寺僧等帰寺、如本可令安堵云々。如図書允清定承久元年六月十八日奉書者、平泉中尊寺住僧四人、依別当法橋之訴訟、遂対決之処、無指罪科之間、給身暇、所被下遣也。如元可令安堵云々者。建久御下知者、被止国中地頭之妨、承久御教書者、衆徒無罪科之間、可令安堵之由、被載之歟。次楽人・舞人等所帯、非別当進止。寺僧分相同之由、衆徒難申之。楽人・舞人者、自上拝領之。寺僧等分者、或清衡等之時寄付之、或前々別当立置之間、寺僧等令相論之時、別当成裁許状之条、両方申状無相違歟。但相伝師跡之時、先例不取別当任符之由、衆徒申之。而両方可被問衆徒之由、難申之。為寺務之仁、争不成任符哉。然者、寺僧則可相従別当之成敗。別当又不可致新儀之沙汰矣。次別当取見参料事、両方共以雖申子細、所詮得別当任符時、令沙汰任料否、可被問先例之由、難申之。沙汰之趣、頗非正義。自今以後、可令停止也矣。

一　顕密両宗供僧田事

右如隆覚申者、当寺者、伝園城寺之法、或顕密共以有供田以下職。或譲他人、或令沽却之後、堕落世間。如此闕分之時、被省無縁衆徒者前例也。而不論宿老・若衆、為寺家進退、被宛行之条、無其謂云々。如栄賢申者、衆徒有訴訟之時、相尋子細、令成敗畢。宗衆徒并慶舜・昌舜・幸俊・長海等、申状進之云々者。有闕分之時、可被省無縁衆徒之処、無其儀之由、衆徒雖申之、相尋子細、別当令成敗之由、栄賢申之。所詮可為別当成敗之由、載先条之上、不及子細矣。

一　不加堂塔以下修理事

右如隆覚申者、毛越・中尊、昔者弐百肆拾余宇令建立畢。今者破壊之間、四十余宇所相残也。而毛越分、社□(十カ)余宇、堂舎拾肆宇也。中尊分、白山・々王社并堂塔拾陸宇也。或顚倒、或破壊之条、見注文。爰寺領捌百余町也。抛他事、可加修理処、無其儀。僅修理料田弐町、逃人所料、令宛置其用途之間、有名無実也。寺僧者励微力、雖企修造、当別当者無其儀云々。如栄賢申者、両方数十宇堂塔、前々別当之時、破壊顚倒畢。秀衡代々為陸奥・出羽両国大営、或十年、或廿年、所造営也。大破之今、難及微力。但前々別当修理分者、当時不相違、所加修理也。寺領惣田数伍佰余町也。立寺両分并旁除之外、別当分僅百余町也。以此地利、所修理也云々。衆徒申云、当別当不相違、僧正之時令興隆之由、令取衆徒状之条、存外也。如前々令修理者、争可訴申哉。当別当不法之条、建長六年衆徒進申状畢云々。栄賢申云、前々朽損事、何可懸当別当哉云々者。寺領者数百町也。而号号(衍カ)修理田、只立置田弐町之条、甚不足也。其上以逃人所料、宛彼用途之条、又非正義。為別当沙汰、力之所及、可加修理。若貪寺用、不成其功者、可被改補所職也矣。

一　配分夫役米事

右如隆覚等申者、云寺僧、云百姓、難堪次第也。初度段別三十文、第二度五十文、第三度七十文、今度百文也。今年又供僧・講衆等被宛之云々。如栄賢申者、宛百姓分事、不能衆徒之訴訟。令宛供田・講田者、可被召出其状云々。隆覚申云、去年権別当栄賢律師成功事、令宛催畢云々。栄賢申云、律師成功事、依為寺務之仁、随志所訪也。全非公事之儀云々者。令宛百姓之条、栄賢不論申之。寺僧分者不催之由、栄賢申之。然者、令宛供田・講田否、雖可被尋究、自今以後、可停止其役也。栄賢権律師成功事、令宛寺僧之由、衆徒令申之処、為志之旨、栄賢陳之。和与事者、不及沙汰。為公事令相宛条、自今以後、可停止也矣。

以前条々、依将軍家仰、下知如件。

文永元年十月廿五日

左馬権頭平朝臣（花押）（貼紙）「時宗」

相模守平朝臣（花押）（貼紙）「時頼」

（注）一二六四年。差出の「左馬権頭」は北条時宗。「相模守」は貼紙に「時頼」とあるが、文永元年十月時点の相模守は北条政村である。紙背の紙継目三箇所に北条政村・北条時宗の花押および住心院の所蔵印がある。本文一条目中「右大将家」は源頼朝。「理乗房」は印鑁。「清衡・基衡・秀衡」は奥州藤原氏。「信濃守」は二階堂行光。「六月廿五日」は建保五年。「図書允清定」は清原氏。本文末尾の「将軍家」は宗尊親王。本文中に見える平泉惣別当理乗坊印鑁の改易を下知した信濃守六月廿五日付奉書は「不記年号」とされているが、建武元年（一三三四）八月付中尊寺衆徒申状案（『南北朝遺文』東北編一巻一〇〇・一〇一号）に建保五年（一二一七）六月二十五日に印鑁が惣別当を改易されたとあり、奉書の奉者である二階堂行光の信濃守在職期間が建保四年三月から同六年四月であることとも合致し（「師守記」康永三年五月二十二日条）、建保五年のものである。本文書については『鎌倉幕府裁許状集』上　一二九号、および高橋富雄「一中世文書から見た平泉問

題」（豊田武教授還暦記念会編『日本古代・中世史の地方的展開』、吉川弘文館、昭和四十八年）を参看されたい。住心院所蔵。『鎌倉幕府裁許状集』上　一一三号、ならびに『鎌倉遺文』一二一六九号として収録されている。

二　法輪院良瑜御教書　　住心院法印豪猷

（包紙上書）
「嘉慶二年二月廿一日法輪院准后良瑜御教書」

（端裏書）
「法輪院准后令旨」

大悲寺僧正遺跡熊野参詣檀那并上分物等事。可令管領給之由、被仰下所候也。仍執啓如件。

嘉慶弐年二月廿一日　　法印（花押）

謹上　住心院法印御房

（注）一三八八年。新熊野神社所蔵「住心院伝記」（一八二号）所載の本文書の写に、本文冒頭の「大悲寺僧正」の右下脇に朱書で「宋弁」とあり、差出の法印には「乗々院良縁歟」と注記がある。宋弁は東寺御影供執事として現れ（「東寺執行日記」貞治三年二月廿三日条）、「小島山臥覚王院宋弁僧正」「新熊野前別当山臥」ともいう（「東寺私用集」・「東寺長者補任」）。良縁は若王子、もと良勝、右衛門督月輪家尹の息、応永二十八年（一四二一）二月二十九日、五十六歳で寂。包紙上書の「良瑜」は九条兼基の息、号常住院・如意寺・法輪院、応永四年（一三九七）八月二十一日、六十八歳で寂。宛所の「住心院法印」は豪猷。豪猷は三条家の息。「三井続灯記」は豪猷について応永三十一年（一四二四）十二月十二日卒、九十一歳とするが、「看聞日記」応永二十八年二月十九日条に「旧冬月迫」に円寂したとある。すると応永二十七年（一四二〇）の寂となる。住心院所蔵。本文書の写も所蔵されるが、掲載を割愛した。

三　法輪院良瑜書状写

御教書、被仰奉行法印候了。

甲斐武田一族并被管仁《ママ》等、熊野参詣先達職之事。有子細令申門跡候。早可被引導候也。先々若雖参差事候、不可及沙汰候。謹言

二月十一日　　　　御判

住心院法印御房

（注）康応元年（一三八九）と推定。次号および五号・九号により同年と推定した。文中の「門跡」は聖護院であれば覚増親王。宛所の「住心院法印」は豪猷。東京大学史料編纂所所蔵影写本「住心院文書」の写本一巻十二通の内。

四　法輪院良瑜御教書写

忠意ウラ御判アリ。

甲斐国同鶴郡四十八郷、其外保内十四ヶ村熊野参詣先達職之事。被申門跡子細。重而無相違、可令引導給之由、検校法務前大僧正御房御気色所候也。仍執啓如件。

康応元年二月十六日　　　　法印在判

謹上　住心院法印御房

（注）一三八九年。冒頭下部の注記にある「忠意」については、八号の注を参照されたい。本文中の「門跡」は前号の注を参照されたい。宛所の「住心院法印」は豪猷。東京大学史料編纂所所蔵影写本「住心院文書」の写本一巻十二通の内。

五　甲斐国武田氏熊野参詣交名写

甲斐国武田後室并伴仁
法名理晋　判
比丘尼善貞　判
比丘尼真宗　判
源氏女明心　判
源氏女阿古　判
源氏女大原　判
竹田源蔵人春重　判
栄仲　判
越後女　判
先達法印豪猷　判
康応元年三月二日
是ハウラ書ニて候。　若王寺殿忠意僧正御判也。
此正文、本宮在之。加一見畢。　在判

（注）一三八九年。「本宮」は熊野。「忠意」については八号の注を参照されたい。東京大学史料編纂所所蔵影写本「住心院文書」の写本一巻十二通の内。

六　千光院道意御教書

（包紙上書）
「応永五年三月廿日
応永廿九年十月十九日 千光院准后道意御教書
住心院法印実意
乗々院法印忠意消息」

（端裏書）
「千光院殿御教書」

大悲寺僧正遺跡熊野参詣檀那并上分物等事。任准后令旨之旨、可令管領給之由、検校前大僧正御房御気色所候也。仍執啓如件。

応永五年三月廿日　　法印（花押）

謹上　住心院僧正御房

（注）一三九八年。「千光院准后道意」は二条良基の息、本名道基、聖護院門跡、永享元年（一四二九）十月十五日、七十六歳で寂。宛所の「住心院僧正」は豪猷。豪猷は六十五歳に当たる。本文中の「大悲寺僧正」は宋弁、二号の注を参照されたい。「准后」は良瑜。同一包紙に次号とともに収められる。包紙上書の「実意」については、次号の注を参照されたい。住心院所蔵。

七　千光院道意御教書

（端裏書）
「千光院准后令旨」

大悲寺僧正遺跡熊野参詣諸檀那内、斯波殿御一家奥州大将并被官人之先達職上分等事。任故僧正知行旨、可令相伝領掌給之由、検校准后令旨所候也。仍執達如件。

応永廿九年十月十九日　　　法印（花押）

謹上　住心院法印御房

（注）一四二二年。端裏書の「千光院准后」は道意。宛所の「住心院法印」は実意。実意は内大臣藤原公豊の息、長禄三年（一四五九）四月二十三日、七十四歳で寂（「三井続灯記」）。「住心院伝記」（一八二号）所載の本文書の写には、差出の「法印」に「乗々院忠意」と注記がある。本文中の「故僧正」は深基。豪猷はまだ八十九歳で存命し、豪猷の資権僧正深基は応永二十六年（一四一九）四月十二日に入寂している（「看聞日記」）。前号と同一の包紙に収められる。住心院所蔵。

八　若王子忠意御教書写

天王寺々中檀那等熊野参詣先達職事。任相伝旨、引導不可有相違之由、乗々院法印御房御奉行所候也。仍執達如件。

応永卅年卯月廿六日　　　権律師判

了観御房

（注）一四二三年。本文中の「乗々院法印」は忠意。忠意は康正二年（一四五六）十一月十四日、六十六才で寂（京都大学附属図書館島田文庫本「当院代々記」）。宛所の「了観」は一五号にも出る。乗々院門跡は、熊野三山奉行であった。同門跡が発給した「御奉行所候也」文言をもつ文書については、その真の発給主体を聖護院門跡であるとする見解がある。近藤祐介「修験道本山派における戦国期的構造の出現」（『史学雑誌』一一九編四号、平成二十二年）参照。「住心院伝記」（一八二号）所載。

九　若王子忠意証判状写

右康応元年二月十一日御書、并同十六日御教書等、正文紛失云々。雖然、子細為分明儀之間、彼案文仁加署判之上者、可被備後証者也。

応永卅一年六月二日

法印忠意在判

（注）一四二四年。本文中の「康応元年二月十一日御書、并同十六日御教書」は三・四号に該当する。東京大学史料編纂所所蔵影写本「住心院文書」の写本一巻十二通の内。

一〇　千光院道意御教書写

若王子殿忠意之ウラ御判也。

甲斐武田并一族被官人等熊野参詣先達職之事。如元知行不可有相違之由、検校准后令旨所候也。仍執達如件。

応永卅一年六月七日

法印在判

謹上　住心院法印御房

（注）一四二四年。「住心院伝記」（一八二号）所載の本文書の写に、差出の「法印」の右下脇に「乗々院忠意」と注記がある。本文中の「検校准后」は道意、六号の注を参照されたい。宛所の「住心院法印」は実意。東京大学史料編纂所所蔵影写本「住心院文書」の写本一巻十二通の内。

一一　檀那願文

能登国

いほり《伊折》の講衆内

御比丘尼壱人良賢

聖寺《(ママ)》　大坊光俊（花押）
向田　薬師坊蓮海（花押）
先達六角堂上野
厳尊（花押）
永享十二年八月廿九日

（注）一四四〇年。勝仙院「厳尊」の初見史料。熊野参詣先達の姿が如実に窺える。『熊野那智大社文書』第一所収「米良文書」二二五七号。

一二　某書状案

〔端裏書〕「御経供養□八講等之時御文通等」

自家門御状案　長禄三

住心院事。言語道断驚入候。守日次、門跡へも可申入候。就其新熊野社務職事。神職事候間、定不可有相障候歟。然者、興経法印ニ被仰付候様、可有申御沙汰候。何様門跡へ祗候仕候て可申入候。先早々申入度候間馳申候。殊不上の薗次事候哉。仮雖如何様儀候、無相違被仰付候者、於身可畏入候。能々可得御意候也。恐惶謹言

四月廿三日

表書
若王子殿

（注）一四五九年。本文冒頭の「住心院」は実意。実意は長禄三年四月二十三日、七十四歳で入寂している（『三井続灯記』）。「門跡」は聖護院であるが、満意と義観の活動時期である。「興経法印」は飛鳥井雅世の息、文安四年（一四四七）二月二十五日、解脱寺で聖護院満意から灌頂を受けている（『園城寺文書』第七所収「伝法灌頂血脈譜」）。宛所の「若王子」は経親か。「聖護院文書」八五箱一三号④。

一三　某書状写

准后道澄御消息云。

養生之趣同篇付而、被成臨終之覚悟之由。頓雖可有本復候、先以尤殊勝候。旧冬御八講参勤、且一身之眉目、多当寺之外聞諸人称歎《ママ》、累代可申伝事候。随而者後住之儀、可有吹挙歟之由、感悦不浅候。猶岩房可申候也。

四月七日　　　　御判

住心院僧正御房江

（注）年不詳。冒頭に「准后道澄御消息云」とあるが、これは江戸時代後期に「住心院伝記」（一八二号）を編んださいの錯誤であろう。「住心院伝記」は四〇号の道興の知行安堵状を、やはり「准后道澄御消息云」とする過ちを冒している。宛所に「住心院僧正」とあるのは、すでに中世の住心院が退転したのちの道澄の時代には合致しない。前号の住心院実意の臨終と関連する可能性を考慮し、ここに収めた。「岩房」は鎌倉時代以来の聖護院門跡の坊官、岩坊。「住心院伝記」所載。

一四　檀那証文

先達職之事

一今度勝仙院様、為御仕置、被成御下候。然上ハ熊野先達之事。余宗一円頼申間敷候。山伏之旦那ニ

罷成可申候。若一人も違背申者御座候ハ者、急度可申付候。此旨相違申候者、如何様ニも曲事ニ可
被仰付候。為後日、一札如件。

寛正三年壬午
六月十日

大和国長谷
右近（花押）
同
仁左衛門（花押）
同
九之助（花押）
同柳生
甚左衛門（花押）
同
作左衛門（花押）
同国尼ヶ辻
寛之助（花押）

（注）一四六二年。本文中の「勝仙院」は厳尊か。天理図書館保井文庫所蔵。

一五　御師駿河守良忠書状

了観坊諸先達職国々旦那之事。一円ニ本銭百拾七貫文之しちに取候。さ候間、彼先達職之事お、それニめされ候て、旦那参詣之度々ニ、加事宛料足御沙汰候ハヽ、可喜入之由申候へ共、堅御辞退候。我〳〵か事者、代々の御師之事ニ候之処ニ、是式の事をさへ無御承引候事、無勿体存候。可然様、御了簡候へく候。住心院殿様へも申御沙汰ニて、彼先達職之事、貴方御沙汰候へく候様候者、三山之御師并道中宿々までも可然候。万事憑入存候。恐々謹言

三月十二日　　　　駿河守
　　　　　　　　　　良忠（花押）

六角
　弁律師御坊

（注）年不詳。本文冒頭の「了観坊」は八号にも出ている。「住心院殿様」は実意か、あるいは公意か。宛所の「弁律師」は厳尊か。勝仙院厳尊は、次号に見られるように弁僧都を名乗っているので、弁律師は僧都に昇任以前の厳尊をさすと見られる。天理図書館保井文庫所蔵。

一六　熊野参詣先達職安堵状

（包紙上書）
「寛正六年四月十四日
　奥州仙道安達郡　御書」
（礼紙書）
「（切封墨引）

弁僧都御房へ」

奥州仙道安達郡輩熊野参詣先達職之事。有御契約之子細上者、永代可被知行候也。謹言

寛正六

四月十四日　（花押）

弁僧都御房へ

（注）一四六五年。花押は住心院公意のもの。公意は法性寺親継の息で、実意の付弟。応永三十三年（一四二六）三月十七日、二十一歳にして如意寺で聖護院満意から灌頂を受けている（「伝法灌頂血脈譜」）。また文明十八年（一四八六）一月十日、僧正として後土御門天皇の加持に候している（「御湯殿上日記」）。「住心院伝記」（一八二号）は本文書の差出について、「従寛正六年、至延徳二年間、二十六个年也。蓋実瑜」と推定している。住心院実瑜は延徳二年（一四九〇）に宮中法華八講の講師となっているが、花押および活動時期から公意の文書と判断した。宛所の「弁僧都」は勝仙院厳尊。住心院所蔵。

一七　熊野参詣先達職安堵状

（包紙上書）
「甲斐武田云々　寛正六年四月十四日
住心院殿在判」

（端裏上書）
「（切封墨引）

弁僧都御房へ」

甲斐国武田・逸見・跡部輩熊野参詣先達職事。有御契約之子細上者、永代可被知行候也。謹言

寛正六

四月十四日　（花押）

弁僧都御房へ

（注）一四六五年。前号と同日付、一具のもの。前号注を参照されたい。やはり花押は公意のもの。住心院所蔵。東京大学史料編纂所所蔵影写本「住心院文書」に本文書の写本がある。

一八　津江玄猷・井口尊雅連署書状写

甲州三家先達職之事。御契約之上者、諸山臥之儀、可為同前候。殊同法頭之儀、無其隠候。雖然、御礼可申輩被相計、被懸御目候者、可為御悦喜候。恐惶謹言

寛正六年四月廿三日

尊雅在判

玄猷在判

弁僧都御房

（注）一四六五年。差出の両人は三三号に出る津江大蔵玄猷と井口式部法橋尊雅。この両人は住心院の役人と見られる。次号の注を参照されたい。宛所の「弁僧都」は勝仙院厳尊。本文中の「甲州三家」は逸見・武田・小笠原。東京大学史料編纂所所蔵影写本「住心院文書」の写本一巻十二通の内。

一九　井口尊雅書状写

住心院殿御自筆之状

盆・香箱　ホリ物有。

両種御進上候。御悦喜之由、可申旨候。又御契約之千疋、慥納申畢。恐惶謹言

四月廿一日

尊雅在判

上書也

弁僧都御房へ

（注）年不詳。冒頭の注記に「住心院殿御自筆之状也」とあるが、差出に「尊雅」とある。尊雅は前号にも出ているが、三三号に井口式部法橋と出る。「住心院殿御自筆之状也」の文言が、住心院からの来状を意味するならば、尊雅は住心院の役人であろう。そう理解すると、一八号・三三号の内容とも符合する。東京大学史料編纂所所蔵影写本「住心院文書」の写本一巻十二通の内。

二〇　聖護院道興書状

（包紙上書）
「越後国　道興准后
信濃国　御（抹消）「奉」書
文正元卯月十五日　」

摂州天王寺七村、并越後・信濃仁有一類之者云々。熊野参詣先達職事。了賢与盛賢、雖令相論、両方共ニ申様不分明之間、公物被点置者也。仍此檀那相副支証、厳尊ニ被下候。永代可致知行之由、可被申含候。於已後濫訴輩在之者、可被処罪科。此旨可被申付候也。

文正元

卯月十五日　（花押）

（切封墨引）

［　］院御房へ

（注）一四六六年。花押は道興のもの。道興は近衛房嗣の息、聖護院門跡、永享二年（一四三〇）の生まれで、文亀元年（一

五〇一）九月二十三日に寂（「後法興院政家記」・「実隆公記」ほか）。宛所は虫損しているが、住心院であろう。本文中の「厳尊」は勝仙院弁僧都。「了賢」は二一・二二・二八号にも見え、「盛賢」は次号に出る。住心院所蔵。

二一　聖護院道興書状添状

就摂州天王寺道者公事、了賢与盛賢、実書・謀書之相論不事行之間、去十一日、自他可及湯誓之由、堅被仰出候之処、盛賢種々令難渋之間、此檀那御公物仁被点置候。仍支証共、其方仁被下候之由、御書如此候。永代可有知行候。於以後、若濫訴之輩候者、罪科之段可申沙汰候也。恐々謹言

文正元

卯月十五日　　昭契（花押）

上野僧都御房

（注）一四六六年。前号の添状。宛所の「上野僧都」は勝仙院厳尊。厳尊は上野坊と号した（一八三号「六角興緒故実」）。天理図書館保井文庫所蔵。

二二　熊野檀那売券

沽渡申熊野檀那事

天王寺七村

越後国散在　在之。

合　信濃国散在　在之。

下野国天明・小栗　在之。
豊後国清池庄
右件檀那者、了賢僧都雖為普代《(ママ)》、依有子細、現銭三十五貫文、相副支証五通、沽渡申処実也。於以後、号了賢弟子親類、致競望者、可被処罪科候。為其立請人申候。仍状如件。
文正元年丙戌卯月十五日
僧都了賢（花押）
請人
賢秀（花押）
請人
栄阿（花押）
上野僧都御房

（注）一四六六年。宛所の「上野僧都」は勝仙院厳尊。文中の「了賢」は二〇・二一・二八号にも出る。天理図書館保井文庫所蔵。

二三　天王寺道者知行安堵状写

天王寺道者之事。任買得之旨、永代知行不可有相違之由、被仰下候也。仍執達如件。
文正元四月十九日
法橋判
謹上　弁僧都御房

（注）一四六六年。二一・二二号等を参考に、聖護院道興の知行安堵状と判断する。宛所の「弁僧都」は勝仙院厳尊。「住心

院伝記」（一八二号）所載。

二四　聖護院道興書状

奥州大将大崎一家被官・地下人等、熊野参詣先達職之事。六角弁僧都仁沽脚（ママ）之由、被申候。意得候了。永代知行不可有相違之由、厳尊仁可被仰付候也。謹言

文正元

六月廿二日　（花押）

住心院前大僧正御房

（注）一四六六年。花押は道興のもの。宛所の「住心院前大僧正」は公意。公意については一六号の注を参照されたい。文中の「六角弁僧都」は勝仙院厳尊。天理図書館保井文庫所蔵。

二五　聖護院道興御書添状写

奥州大将大崎殿熊野参詣先達職之事。自住心院買得候畢。仍御門跡様御書・住心院売券、土佐ニ被預置候処、其跡彼両通支証抑留云云。甚不可然候。縦其支証粉失（ママ）候共、御門跡様御書重而出候上者、不可有相違之旨、被存知候也。仍状如件。

文正元年七月廿一日　猷聡判

弁僧都御坊

（注）一四六六年。宛所の「弁僧都」は勝仙院厳尊。本文中の「住心院」は公意。「御門跡様」は聖護院道興。差出の「猷聡」

は聖護院の候人か。「六角興緒故実」（一八三号）所載。

二六　弁僧都厳尊譲状写

譲与　奥州山道安達郡六十六郷熊野参詣先達職事
右檀那者、住心院殿様久御知行在所也。雖然、厳尊買得之。仍相副支証、弟子上野公宗秀仁譲与之。
永代可有知行。仍為後証、譲状如件。

文明元年七月廿三日　　　弁僧都厳尊判

（注）一四六九年。文中の「上野公宗秀」は、のちの勝蔵坊法眼快秀。快秀は勝仙院の世代としては深秀の次であるが、厳尊の譲を受けた。深秀はこのときまでに入寂したものか。本号から三一号まで同日付、一連の譲状である。「住心院伝記」（一八二号）所載。

二七　弁僧都厳尊譲状写

是ハ厳尊、此方へ譲状之案文ナリ。

譲与　甲斐国武田・辺見・跡部一家被官・地下人等、熊野参詣先達職之事。右檀那者、久住心院殿様御知行之在所也。雖然、厳尊僧都買得之。仍□（相）添支証、弟子上野公宗秀仁所譲与也。永代可有知行。
仍為後証、譲状如件。

文明元年七月廿三日　　　弁僧都
　　　　　　　　　　　　厳尊在判

（注）一四六九年。東京大学史料編纂所所蔵影写本「住心院文書」の写本一巻十二通の内。

二八　弁僧都厳尊譲状写

譲与　摂州天王寺七村熊野参詣先達職事。并越後・信乃、其外諸国散在而一類者有之。

右件檀那者、了賢僧都久知行在所也。雖然、厳尊僧都買得相伝之。仍相添数通支証、弟子上野公宗秀仁

譲与畢。永代可被知行之。更不可有他妨。仍為後証、譲状如件。

文明元年七月廿三日　　　　弁僧都厳尊判

（注）一四六九年。「了賢」は二〇・二一・二二号にも見える。「住心院伝記」（一八二号）所載。

二九　弁僧都厳尊譲状写

譲与　駿河・遠江両国之内島田近江之檀那之事

右件檀那者、厳尊知行在所也。相添数通支証、弟子上野公宗秀仁譲与之。永代可有知行者也。仍為後

証、譲状如件。

文明元年七月廿三日　　　　弁僧都厳尊判

（注）一四六九年。「住心院伝記」（一八二号）所載。

三〇　弁僧都厳尊譲状

譲与　洛中并諸国熊野参詣檀那事

一京毎月六日講。

一京トキ屋講。

一越後国花前殿一家・被官。

一同国開発殿一家・被官。

一同国西浜石川殿一家・被官。

一信乃国猪無（ママ）郡井上殿・山田殿一家・被官。

一甲斐国八幡・篠原。

一同国藤井五郷。

一同国対馬公之跡檀那。

此外諸国在々所々、厳尊之檀那有之。

右代々厳尊知行檀那也。弟子上野公宗秀仁譲与之。永代可有知行。仍為後証、譲状如件。

文明元年七月廿三日　　弁僧都
厳尊（花押）

（注）一四六九年。天理図書館保井文庫所蔵。

三一　弁僧都厳尊譲状写

合壱所者家具悉相添之。不動堂・愛染堂代官職譲之。

右房舎者、従浄尊法印坊、厳尊僧都譲得者也。然弟子上野公宗秀譲与之。永代可有知行。更不可有他違乱妨。仍為後証、譲状如件。

文明元年七月廿三日

弁僧都厳尊判

（注）一四六九年。本文中の「浄尊法印」は勝仙院厳尊の師、六角堂浄尊（一八一号「住心院古代中興歴数并勝仙院歴代」）。「住心院伝記」（一八二号）所載。

三二　檀那知行安堵状

厳尊僧都遺跡諸檀那等之事。任譲与之旨、可被知行。次公方檀那奉行事。如先規、可被存知之由、被仰下候也。仍執達如件。

文明四

五月十八日

法橋（花押）

謹上　上野公御房

（注）一四七二年。宛所の「上野公」は勝仙院快秀。天理図書館保井文庫所蔵。

三三　津江玄猷・井口尊雅連署檀那売券写

被売渡

合奥州斯波郡大将御一家被官・地下人等、熊野参詣先達職事

合参貫文

右御檀那者、売渡所実也。任売券之旨、永代可有知行。上分有達《（ママ）》等之事、任此支証之旨、永可有知

行。仍売券如件。

文明四壬辰年八月十六日

井口式部法橋

尊雅在判

津江大蔵

玄猷在判

（注）一四七二年。尊雅は一八・一九号、玄猷は一八号にも出る。東京大学史料編纂所所蔵影写本「住心院文書」の写本一巻十二通の内。

三四　後土御門天皇口宣案写

上卿　源中納言

文明五年四月廿八日　宣旨

大僧都実昭

宜叙法印。

蔵人左少弁藤原政（ママ）奉

（注）一四七三年。「実昭」は公意の次代の住心院住持。「三暦」（一八〇号）は「実瑜　実昭」として、実昭と実瑜を同一人とし、「住心院古代中興歴数并勝仙院歴代」（一八一号）は住心院の世代を公意、実昭、実瑜の順に上げている。また「住心院伝記」（一八二号）は「今案実瑜、本名実昭歟」としている。「源中納言」は庭田政行。差出の「蔵人左少弁藤原政」は勧修寺政顕。「住心院伝記」所載。

三五　熊野参詣先達職安堵状写

奥州斯波・大崎御一家被官・地下人等、熊野参詣先達職之事。任支証之旨、知行勿論候。殊彼壱之はさまの事。依有子細、先年既被任理運候上者、成敗不可有相違之由、被仰出候也。仍執達如件。

文明八年七月廿三日　　　　権大僧都忠恒在判

六角上野律師御房

（注）一四七六年。宛所の「六角上野律師」は勝仙院快秀。東京大学史料編纂所所蔵影写本「住心院文書」の写本一巻十二通の内。

三六　聖護院道興御教書写

奥州壱之はさまの道者之事。大崎・斯波知行之上者、任支証之旨、六角上野律師江、可被付渡之由被仰出候也。仍執達如件。

文明八年七月廿三日　　　　権大僧都忠恒在判

秋法

式部公御房

（注）一四七六年。文中の「六角上野律師」は勝仙院快秀。東京大学史料編纂所所蔵影写本「住心院文書」の写本一巻十二通の内。

三七　甘露寺元長書状写

火災事。別抽懇祈、可令致天下泰平国家安全之精誠給之由、被仰下候也。恐惶謹言

十二月廿四日　元長

住心院僧正御坊

花頂僧正御坊

（注）年の記載はないが、文明八年（一四七六）。同年十一月の室町第の火災をうけ、諸寺に祈祷が命じられた。元長は権大納言甘露寺親長の息。宛所の「住心院僧正」は公意であろう。「花頂」は園城寺の別院華頂門跡。「親長卿記別記」所載。

三八　陸奥国檀那預り証文

預申奥州御檀那之内もなう（桃生）の郡・ふかや（深谷）・とよま（登米）

合三ヶ所なり。

右此御檀那、熊野参詣道先達あつかり申候。

一上分之御事ハ、御定のことく沙汰可申候。

一道者壱人もかくし申ましく候。

一道者半道になし、又ハ順礼になし候ましく候。

此条々、いさゝかもちかへ候はゝ、御あつけの御檀那、何時もめしはなさるへく候。其時、一言之子細申ましく候。仍為後日、請文之状如件。

秀伝　（花押）

文明十年いぬとし八月十日

六角上野僧都御坊中

せんしう（花押）

（注）一四七八年。宛所の「六角上野僧都」は勝仙院快秀。三五・三六号の律師から僧都に昇任している。天理図書館保井文庫所蔵。

三九　検校准后御教書写

駿河・遠江両国之仁長盛近江知行　熊野参詣先達職之事。云代々由緒、云当知行、不可有他之妨之由、検校准后様御内書如此。将可令存知給之由、被仰下候也。仍執啓如件。

二月廿八日　　法橋判

謹上　上野僧都御房

（注）年不詳。宛所が「上野僧都」快秀であることから、ここに収めた。本文中の「検校准后」は聖護院道興か。「住心院伝記」（一八二号）所載。

四〇　熊野参詣先達職知行安堵状

（包紙上書①）
「沢村平左衛門尉云々　道興准后御書」

（包紙上書②）
「住心院御房　（花押）」

（礼紙上書）
「住心院御房」

沢村平左衛門尉一類熊野参詣先達職之事。雖為当知行、別而彼名字中之事者、六角上野快秀ニ被仰付

候上者、知行不可有相違候也。違乱之輩在之者、一段可令糺明候由、可被申含候。謹言

十二月十三日　（花押）

（注）年不詳。花押は道興のもの。住心院所蔵。

四一　檀那并房舎等譲状

譲渡

一奥州斯波郡大将御一家・被官・地下人等事。

一奥州柴田郡之事。

一天王寺七村并諸国散在事。

一房舎之事。同雑具等事。

一不動堂・愛染堂代官職之事。

一吉田ス、カ三郎太郎本役事。

六月廿日に七十五文、十月廿日に七十五文、出之也。

一江戸弥五郎本役并年貢事。

在所者、東山野上也。

吉田本役事。江戸弥五郎本役事。此両所、昌祐ニ譲渡といへ共、御一後（ママ）之間也。大蔵ニ返付らるへき者也。

右相副支証、永代譲渡之了。不可有可他妨者也。仍而譲状如件。

勝蔵坊法眼

大永三癸未年七月廿三日　　　　快秀（花押）

大蔵御房へ

（注）一五二三年。差出の「勝蔵坊法眼快秀」は勝仙院快秀。宛所の「大蔵」は他の文書に所見がない。しかし快秀から檀那と坊舎などを譲られているのであるから、快秀の資であろう。勝仙院は快秀ののち快厳、快俊、淳秀と次第する。六角堂の房舎および不動堂・愛染堂代官職のことは三一号に出ている。天理図書館保井文庫所蔵。

四二　今川氏親書状

（端裏書）「今川氏親」

内々可令申心中候処、預御状候。祝着候。仍而定蔵院以御曖御和与、拙者一人之大慶此事候。定而則可為御入国候間、於河州入御見参、旁可申述候。爰許之時宜、河内守父子より可被申候間、令省略候。恐々謹言

三月廿八日　　　　氏親（花押）

勝林坊

御返事

（注）年不詳。今川氏親は駿河の戦国大名、大永六年（一五二六）没。宛所の勝林坊は「六角興緒故実」（一八三号）に「同（勝仙院快秀）第資（弟子）快厳之号」とある。園城寺所蔵。

四三　聖護院道増書状

（貼紙）「聖護院道増」

勝千房淳秀、為入峯之御暇、令祗候候。修学者輩先達之事、近来希有候哉。特已灌頂之儀、旁以感思給之条、令叙法印候。於峯中不混自余之儀、宜被加下知候。猶期内謁候也。謹言

十月廿一日　（花押）

（注）年不詳。花押は道増のもの。道増は永正五年（一五〇八）生まれで（灌頂時の年齢から逆算）、元亀二年（一五七一）三月一日に安芸で没している。冒頭の「勝千房」は「六角興緒故実」（一八三号）に「金剛院阿闍梨諄秀法印之号」とある。「住心院古代中興歴数并勝仙院歴代」（一八一号）にも「諄秀」とある。勝仙院淳秀は近世には諄秀と伝えられていたようである。本文中の「修学者」は普通、参仕修学者をさし、近世には基本的に入峯二十一度以上とされた位である。「已灌頂」とあるが、淳秀は永正十七年（一五二〇）十月二十三日に解脱寺で知見院猷助から灌頂を受けている（「伝法灌頂血脈譜」）。天理図書館保井文庫所蔵。

四四　聖護院道増御教書

（包紙上書）
「侍従公　僧都増梁」

勝仙院諸同行事。由緒之族、動相語他之先達恣之由、太不可然。所詮根本管領之所々、并帯証文於同行所者、無他妨任淳秀法印譲与、進止不可有相違之由、聖護院御門跡依御気色、執達如件。

天文十七年七月廿五日　僧都（花押）
律師（花押）

侍従公

（注）一五四八年。宛所の「侍従公」は八一号にも出る。本文中に「淳秀法印譲与」とあり、淳秀から譲りを受けたとすると増堅である。増堅は「住心院古代中興歴数并勝仙院歴代」（一八一号）に元和二年（一六一六）十一月寂、八十一歳とあり、天文十七年は十三歳に当たる。住心院所蔵。

四五　聖護院道増書状

大峯先達之事、直参器量大切之間、雖若輩候、当年遂其節事、可然候。猶兵部大輔可申候也。

七月七日　（花押）

勝仙院

（注）年不詳ながら次号と関連し天文二十年（一五五一）か。花押は道増のもの。宛所の「勝仙院」は淳秀か増堅であるが、本文中に道増が「若輩」と記す関係からすると、増堅と見られる（淳秀は道増より年長である）。天理図書館保井文庫所蔵。

四六　聖護院道増御教書

（端裏書）「増堅代」

就初先達之儀、臈次之事。先師淳秀法印時如被定置、不可有相違旨、対諸先達中、被成奉書上者、至参仕之族不論度之沙汰、可被遂修行之節由、聖護院御門跡依御気色、執達如件。

天文廿年七月廿三日　僧都（花押）

律師（花押）

勝仙院

（注）一五五一年。差出の両人の花押は四四号と同一である。したがって「僧都」は増梁であろう。宛所の「勝仙院」は増堅。本文中の「参仕」は参仕修学者。道増の時代、諸先達の間で臈次の争いが激しくなりつつあった。住心院所蔵。

四七　浅黄貝緒免許状

（包紙上書）
「勝仙院」

浅黄貝緒之事。年齢未満之間、雖不可然、近年多分之拵候間、相計之候。用之弥励修練之功者、肝要候也。

七月廿五日　（花押）

勝仙院

（注）年不詳。花押は道増のもの。その活動年代から見ると、本文中に「年齢未満」とあることと合わせ、宛所の「勝仙院」は増堅であろう。四五号とほぼ同時期のものと見られる。「浅黄貝緒」については元禄十年（一六九七）まで下る史料であるが、「聖護院定書」に「浅黄房結袈裟并貝緒事（中略）有忠節輩参仕之後、依恩賞被免許事も邂逅之例也」とある（『金峯山寺史料集成』三部二六八号）。天理図書館保井文庫所蔵。

四八　小山田信有書状

「（切封墨引）」

預御懇札候。祝着之至候。殊巻数被懸御意候。頂戴候。弥以御祈念所仰候。今年者可為御下向之由存候趣、無其儀候。此口御用之儀候者、可蒙仰候。仍五明弐本・両金送給候。目出ニ候。清題も児玉離弐□進覧、誠以表空書計候。恐々謹言

六月五日　信有（花押）

勝仙院
御報

（注）年不詳。差出の「信有」は甲斐武田氏の臣、小山田氏。天文元年（一五三二）に武田氏に仕え、天文二十一年（一五五二）正月に討死している。個人所蔵、『戦国遺文』武田氏編第一巻九五一号所収。

四九　平手政秀書状

従御門跡様、被成下御書候。忝令拝見候。仍就御上洛路次等之儀、可致馳走之由、蒙仰候。不可存疎意候。猶自是御礼可申上候。委細御使者仁申入之条、不能詳候。恐々謹言

五月十七日　　政秀（花押）

勝仙院
雑務坊
御返報

（注）年不詳。差出の「政秀」は織田信長の臣平手政秀。平手政秀は天文二十二年（一五五三）、信長を諫めて自害した。宛所の「勝仙院」は淳秀か増堅。「雑務坊」は聖護院門跡の坊官であり、雑務家では天文十八年（一五四九）五月八日に法印源香、元亀四年（一五七三）二月十二日に法印源要が没していて（京都大学文学研究科図書館所蔵「諸門跡坊官略系」）、そのいずれかである。天理図書館保井文庫所蔵。

五〇　穴山祐清書状

（上書）
「（切封墨引）　自下山
勝仙院御報　穴山」

御尊書致頂戴候。尤罷出御礼可申上処、英賀申結子細候而、無其儀候。仍壱端被贈下候。忝拝領仕

候。向後御下国之刻者、相応之儀被仰下、可致馳走候。猶御使者江申上候。恐惶敬白

五月廿日　　　　　　　　　　祐清（花押）

雑務坊

勝仙院

参　御尊報

（注）年不詳。差出の「祐清」は穴山氏。宛所の「雑務坊」「勝仙院」については、前号の注を参照されたい。上書の「下山」は甲斐国巨摩郡。巨摩郡南部の河内地方は穴山氏の所領であった。天理図書館保井文庫所蔵。

五一　穴山信友書状

尚以、不寄存候処、御尋祝着候。

不寄存候処、示預祝着候。仍御巻数・守、贈給候。目出候。御下向存候者、自是可申入候処、不存候条、不及是非候。御尋忝候。御上洛之時分、当口可有御透《（ママ）》候条、以面彼是可申候。巨細彼客僧可申候。恐々敬白

壬六月二日　　　　　　　　　　穴山

信友（花押）

勝仙院

御返事

（注）永禄元年（一五五八）と推定、次号の注を参照されたい。宛所の「勝仙院」は増堅。穴山信友は甲斐武田氏の臣、永正

三年（一五〇六）～永禄三年（一五六〇）。天理図書館保井文庫所蔵。

五二　小山田虎満書状

（包紙上書）
「謹上　正泉院
　　　　人々御中　　虎満」

（切封墨引）

正（ママ）護院為御代官御着郡、一入目出珍重令存候。殊更御巻数・御守、贈被下候。奉頂戴候。并板物蘇合（ママ）円、被下候。是又忝畏入候。内々企参謁、御礼雖可啓達候、去春以来以外相煩、于今不行歩之為体候条、乍存知、無沙汰之様候。併於心底、毛頭不可奉存疎辺候。随而為御初尾、態計黄金壱両奉進献候。於大峯、御精誠偏奉頼候。委細千蔵坊可被申上候。恐惶謹言

壬六月四日　　　　虎満（花押）

謹上
　正（ママ）泉院
　　人々御中

（注）永禄元年（一五五八）と推定。ちなみに増堅が生まれた天文五年（一五三六）から、八十一歳で入寂する元和二年（一六一六）までの間で、閏六月があるのは天文八年（一五三九、四歳）・永禄元年（一五五八、二十三歳）・元和元年（一六一五、八十歳）の三度のみである。すると本文書は、聖護院の代官として着郡したとあることから、永禄元年と推定されるであろう。本文中の「千蔵坊」は、のちの勝仙院澄存の時代にも、従者として現れる。園城寺所蔵。

五三　今川義元書状

（包紙上書）
「勝仙院　　義元」

駿遠両国修験道之事。任先規、聖護院殿被仰付之旨、得其意候。若違犯之族於有之者、急度可申付候。恐々謹言

三月四日　　　　義元（花押）

勝仙院

（注）年不詳。花押は今川義元のもの。今川義元は永正十六年（一五一九）〜永禄三年（一五六〇）。のちの勝仙院澄存は今川氏真の息で、義元の孫に当たる。天文十四年（一五四五）七月七日、聖護院道増が今川義元に北条氏康との和与を勧めたことがある（「為和卿集」）。宛所の「勝仙院」は年代的に淳秀か増堅。天理図書館保井文庫所蔵。

五四　毛利元就書状

（包紙上書）
「毛利右馬頭
勝仙院　御廻報　　　元就」

御状到来、令拝見候。抑為御音信示預候。殊大慶御札、同矢違御守、并五明二本。絵狩野。送給候。遠路御懇意之段、畏入候。何様自是御礼可申述候。自然之時分、新門主様江可然様之心得所仰候。猶期後喜候。恐々謹言

正月十三日　　　　元就（花押）

勝仙院
　御廻報

（注）年不詳。包紙上書に「右馬頭」とあるが、毛利元就は天文二年（一五三三）に右馬頭、永禄三年（一五六〇）に陸奥守となっている。文中の「新門主」は聖護院道澄。道澄は弘治三年（一五五七）八月九日に新門主として初めて参内している

（「御湯殿上日記」）。したがって本文書は、翌永禄元年（一五五八）から永禄三年までのものか。住心院所蔵。

五五　熊野参詣道先達代官職安堵状写

甲斐国逸見庄内藤井五郷、熊野参詣道先達代官職之事。如先々不可有相違候。自然上分等於無沙汰者、任請文旨令改易、余人可申付者也。仍補任執達如件。

永禄五
五月吉日　　増堅　書判

（注）一五六二年。韮崎市「善明院文書」、『新編甲州古文書』第二所収。

五六　市川経好等連署書状

長州安国寺半済内弐拾石事、被進置之候。此由、寺家并対郡奉行茂申渡之条、可有御進止候。恐々謹言

永禄七
五月廿日　　立雪斎
恵心（花押）
兼重弥三郎
元宣（花押）
赤川左京亮
元保（花押）

市川式部少輔
経好（花押）

勝仙院
参

（注）一五六四年。市川経好らは安芸毛利氏の臣。恵心は長門安国寺の僧。宛所の「勝仙院」は増堅。天理図書館保井文庫所蔵。

五七　毛利元就判物

長州安国寺領半済内弐拾石之事、進置之候。全可有御知行候。仍一行如件。

元就（花押）

永禄七年十二月廿二日

勝仙院

（注）一五六四年。宛所の「勝仙院」は増堅。住心院所蔵。

五八　武田義信書状

（懸紙上書）
「　武田太郎
勝泉院　義信」

（端裏切封）
「（墨引）」

就修験中之儀、尊翰忝存知候。向後相応之御用被仰下候者、不可有相存疎略之趣、宜被洩申入候。

恐々謹言

六月十二日　　　　　　　　　　　義信（花押）

勝泉院

（注）年不詳。武田義信は信玄の嫡男。天文七年（一五三八）～永禄十年（一五六七）。義信は永禄八年（一五六五）に謀叛を起こして幽閉され、その後自害した。文意から、聖護院と義信の交誼が始まったころのものと推察される。大月市「北条家文書」、『戦国遺文』武田氏編第二巻一二〇四号所収。

五九　武田義信書状

（包紙上書）
「勝泉院御房　　義信」

就修験中之義、芳札披見、令得其意候。両国之法度、聊無疎略、可申付候間、可御心易候。仍扇子三本贈給候。祝着候。猶近日、以使僧可申之間、不能具候。恐々敬白

六月十二日　　　　　　　　義信（花押）

勝泉院御房

（注）年不詳。武田義信については前号の注を参照されたい。偶然同日付けであるが、前号に比して、「御房」が付けられるなど、書札礼の変化が見られる。園城寺所蔵。

六〇　聖護院道増書状

（包紙上書）
「若王子僧正御房　　（花押）」

勝仙院事、既数代之薫功、不混自余候。又仁体無人之間、被召加出世可然之旨、去年於此方、新門主江茂

此旨令相談申候き。只今以愚書猶申候。此等之通、門下中へ可被申聞事、肝要候也。謹言

卯月廿八日　（花押）

若王子僧正御房

（注）永禄八年（一五六五）か。花押は道増のもの。宛所の「若王子僧正」は増鎮。「住心院古代中興歴数并勝仙院歴代」（一八一号）に、増堅は「永禄八年、被召加出世。三十歳」とある。それに従えば本文書は永禄八年に当たるか。ここにいう「出世」は、いわゆる峯中出世ではなく、院家に次ぐ地位・寺格としての出世である。増堅の出世昇進は聖護院道増の意向によるもので、三十歳の出世は破格の待遇と思われる。道増は新門主道澄にも申し談じたが、本文書および次号が出されていることからも、諸先達中には容易に受け容れられなかったものと見られ、とくに児島宿老・公卿と対立したようである。住心院所蔵。

六一　聖護院道増書状

（包紙上書）「勝仙院法印御房　言」

於峯中、対児島衆中事在之間、去年可被召加出世之仁体旨、新門主江茂申談候き。弥門下中へ可被相触之由、只今愚書差上候。并増真僧正へも申遣之候。可得其意事、肝要候也。如件。

卯月廿八日　（花押）

勝仙院法印御房

（注）永禄八年（一五六五）か。前号と同日、一具のもの。前号の注を参照されたい。包紙上書の「言」は道増の一字名。花押は道増のもの。本文中に「増真僧正」とあるのは、前号に出る若王子増鎮。「当院代々記」に増鎮は元増真とある。住心院所蔵。

六二　聖護院道増書状

（包紙上書）
「長床衆ト出世﨟次事

智厳院　　　言

帥法眼　御中候　」

児島衆与勝仙院与、於峯中次第相論之儀、更ニ申事可在之儀ニ如言候。自道興御代、法度殊堅固候。長床衆老与門跡之院家出世候之﨟次、同官同位之時ハ度次第候。度も同時ハ歳次第、如此勤来候。公卿衆事ハ参仕之修学者と如右候間、公卿と出世とハ申事、努々有間敷候。先准后已来、如此被仰付三山奉行上者、弥畏法儀肝要候。恐々謹言

二月十一日　　　　言（花押）

智厳院

帥法眼

御申

（注）年不詳。あるいは前号の翌年か。差出の「言」は聖護院道増の一字名。道増が道興准后の法度を根拠に、「長床衆老」（備前児島の宿老）と「門跡之院家出世」（増堅）、および「公卿」（児島修験）と「出世」との﨟次の争いを裁いたもの。住心院所蔵。

六三　持福院有誓・新熊野成慶連署書状草案

御門跡御内出世分先達事、吉野宿坊并山上引役、同宿坊役事。貴院なみに申談上者、御取立専一候。

此旨、山上へも申送如此候。恐――

――

新熊野
成慶（花押）
持福院
有誓（花押）

勝仙院
まいる

（注）年不詳。宛所の「勝仙院」は増堅であろう。本文を見ると、「出世分先達」の「吉野宿坊并山上引役、同宿坊役」を勝仙院並にすると言っている。それであるなら、すでに増堅は出世成をしていると見られる。増堅が出世となったのは永禄八年（一五六五）のことである（六〇号の注を参照されたい）。差出の「持福院有誓」は金峯山寺寺僧方の僧で、天文十七年（一五四八）の金峯山寺所蔵「千手観音絵像」の裏書に名が見え（『金峯山寺史料集成』二部九二号）、「新熊野成慶」も金峯山寺寺僧方の僧で、永禄十一年（一五六八）から文禄三年（一五九四）の史料に名が出る（『金峯山寺史』新熊野院の項）。それらを勘案すると、本文書は永禄八年以降、それに近い頃と推察される。本文中の「山上」は金峯山山上。「山上引役」は入峯役銭。「宿坊役」は坊入銭。天理図書館保井文庫所蔵。

六四　穴山信君書状

（包紙上書）
「勝仙院　御報　武田左衛門大夫
信君」

近年者、毎度不得寸隙体候之条、存外無音背本意候。仍御当御門跡様御入峯之由、珍重候。与風向越州致出馬候之間、必冬中、以大善坊可申上之旨、慥可預御披露候。恐々謹言

七月十四日　信君（花押）

勝仙院
御報

（注）永禄十年（一五六七）と推定。本文中の「当御門跡様御入峯」は同年の聖護院道澄の初入峯をさすと思われる（道澄は同年七月二十六日に参内加持し、十月十日に出峯参内している）。道澄の二度目の入峯は、道増没後の天正十三年（一五八五）である。穴山信君は五一号に出る信友の息、甲斐武田氏の臣、号梅雪。天文十年（一五四一）～天正十年（一五八二）。「大善坊」は甲斐一ノ宮。群馬県「長良神社文書」、『戦国遺文』武田氏編第二巻一二九七号所収。

六五　穴山信君書状

（包紙上書）
「勝仙院　　信君
御同宿中　　」

今度勝蔵坊御下向候処、為御音信、袈裟送給候。喜悦不及是非候。尾州口乱入付而、此口就而上洛者、別而馳走不申、口惜次第此事候。仍太刀壱腰三所黄令進献候。表祝儀迄候。猶周防具申含候条、可有演説候。恐々謹言

穴山
信君（花押）

七月四日

勝仙院

（注）年不詳。穴山信君については、前号の注を参照されたい。本文中の「勝蔵坊」について、「住心院古代中興歴数并勝仙院歴代」（一八一号）は勝仙院を「亦号勝林坊・勝蔵坊」としており、かつて勝仙院快秀の号であった勝蔵坊を勝仙院の号としている。本文書の勝蔵坊は、勝仙院増堅に非常に近い者、つまり付弟級の者と思われる。ただし増堅の跡を継いだ澄存（今川氏真息）は、天正八年（一五八〇）の生まれであり合致しない（一八四号「住心院過去帳」の享寿から逆算）。すると

増堅は天正十三年（一五八五）に五十歳に達する年齢であることから、澄存の前に資とする者がいた可能性がある。それが本文書の勝蔵坊ではなかろうか。天理図書館保井文庫所蔵。

六六　穴山信君書状

（包紙上書）
「　　　　甲州下山
勝仙院御同宿中　　　　信君」

去夏勝蔵坊上洛之刻、及御報候。参着候哉。無御心元候。随周防、含口上申候趣、定可被申入候哉。悉皆貴僧以御馳走、被仰調候者、可為喜悦候。子細大善坊可申達候条、不能審候。恐々謹言

九月十八日　　　　信君（花押）

勝仙院御同宿中

（注）年不詳。本文書の穴山信君の花押の形状は、永禄初期と見られる。穴山信君については前々号、勝蔵坊については前号の注を参照されたい。本文中の「大善坊」は甲斐一ノ宮。園城寺所蔵。

六七　聖護院道増書状

弁兆日夜之苦労、無是非候。此由快俊ニ申度候。又袈裟欠事候。急便ニ下給候者、可為祝着候。

新門主入峯成就之事、各粉骨之故相調候。大慶此事候。随而増堅出世之事、相届之様聞候之間、心安候。小篠・神仙格（ママ）番之事可然候。惣別弘安之式目書札之礼儀記候物ニ、委相見候歟。熊野并新熊野之長床、京都之極官与戒臈次第之由、慥相見候之間、当時若輩ニて長床之宿老与各番者、一段之規模

候。能々分別肝要候。将又綿帽子到来、令祝着候。猶弁兆可申候也。

十二月十一日　　（花押）

勝仙院大先達御房

（注）永禄十年（一五六七）か。花押は道増のもの。宛所の「勝仙院大先達」は増堅。勝仙院増堅は三十二歳に当たる。本文冒頭に「新門主入峯成就」とあるが新門主は道澄で、六四号の注を参照されたい。「小篠・神仙」はともに、大峯峯中で双璧をなす主要な宿。「弘安之式目書札之礼儀記候物」は「弘安礼節」か。追而書を見ると、このとき道増は西国に下っていたのであろうか。住心院所蔵。

六八　聖護院道増書状

津守庄之内為給恩、五百疋遣之候由、対勝仙院、可被加芳意候也。猶長頼・光政可申候。恐々謹言

六月七日　　道増（花押）

新門主
人々申給へ

（注）年不詳。宛所の「新門主」は道澄。道澄は関白近衛稙家の息、天文十三年（一五四四）生、弘治三年（一五五七）聖護院新門主、慶長十三年（一六〇八）寂。本文冒頭の「津守庄」は豊後国大分郡の荘園。室町時代、同荘は熊野山長床領で、預所職は京都熊野社智蓮光院であった。「勝仙院」は増堅。住心院所蔵。

六九　今川直政書状

猶〳〵若王子・勝仙院中能候様ニと、御門跡より被仰聞候間、其段少も御そむき候ましく候。兵部ニも此段被仰聞、重而以せ非可申入候。次先日兵部方より申越候ハ、此出入ニ付、九月八早々可罷下由申越候。此出入之儀計ならハ、

いつものかけ出之使之時分ニ罷下候か、さなくハ其中各御供申罷御下尤ニ候間、其段可被仰聞候。急ニ罷下不入物にて候。□〳〵重而可申入候。以上

□〳〵申候。万事ハ［　］跡之御下知ニ御したかひ、岩坊なと相談尤ニ候。御門跡長谷ニ御上候へく候由にて候間、さい〳〵御参候て御奉公ふり肝要ニ候。くハしくハ岩坊可被申候間、其御心得候へく候。以上

新熊野之儀ニ付、従貴院御訴訟之様子、爰元何へも可被仰聞為ニ、岩坊下向にて候。其地之様子具承候。従御門跡、被仰下候筋目ハ、とかく若王子・勝仙院間から、能候様ニと思召候間、いつれも親類中相談仕、申事なき様ニとの事ニ候。御訴訟之儀は、落着別段ニ候。若王子との間からは、いかにもいつものことく、出入も互ニ在之様子ニ□候。若王子・貴院とハ別条有間敷候へ共、東山も六角も下々各色めき、ひぢはり申へく候間、其段堅可被仰付候。松若狭殿へも右之段具ニ申候。則若狭殿へ岩坊御振舞にて被参候。頓而若狭殿、御暇にて御上候ハん間、各御相談可有之候。

一新熊野別当補任等之儀、其方ニ在之証文共、いまた見不申候間、是非共可申立儀とも、承届候はす候間、其御心得候へく候。旧証文披見之上、各相談仕、いか様ニも能様ニ、とりあつかひ可申候。猶御かけ出之時分、可申入候。恐惶謹言

今川刑少輔
直政（花押）

八月廿九日

勝仙院殿

人々御中

（注）年不詳。本文中の「東山」は若王子。「六角」は勝仙院。「新熊野」は京都市東山区今熊野椥ノ森町の新熊野神社。道増は永正十二年（一五一五）六月十八日、熊野三山・新熊野社の検校に補されている（「守光公記」）。「岩坊」は聖護院門跡坊

官中。岩坊家では天文十年（一五四一）に法印村余、慶長四年（一五九九）に法印増村が寂していて、この文書の時点では増村に該当するか。「かけ出」は大峯からの駈出《かけで》。追而書の「兵部」は「住心院候人内藤兵部家伝」（京都大学文学部所蔵）によると、先祖は新熊野社の供僧であったが、応仁の乱後、神領が退廃し、後裔の春智法印が天文年中（一五三二～五五）に同社別当職を住心院へ付属し、養孫春也を候人として勤仕させたという。天理図書館保井文庫所蔵。

七〇　武田信玄書状

（包紙上書）
「勝仙院几下　　信玄」

如来意、先年者下向候処、不能閑談条、無念ニ候。仍祈念之巻数并ゆかけ給候。祝着存候。随而当家之事、園城寺可崇敬由緒候之条、向後者別而、可得御門主御意之旨存候。可然様ニ御執成頼入候趣、甘利左衛門尉可申候。恐々敬白

七月八日　　信玄（花押）

勝仙院

机下

（注）年不詳。武田信玄（晴信）は大永元年（一五二一）～元亀四年（一五七三）。宛所の「勝仙院」は増堅。本文中の「ゆかけ」は弓懸。「御門主」は道増。「甘利左衛門尉」は信玄の臣甘利昌忠（晴吉）、天文十九年（一五五〇）に左衛門尉になった。生没年不詳。本文書については、渡辺世祐『武田信玄の経綸と修養』一一五～一二〇頁（更級郡教育会、昭和四年）を参照されたい。住心院所蔵。

七一　武田信玄書状

尊翰勤而頂戴。抑来秋御入峯。因茲御祈念不可有御疎略之旨、被仰出候。併冥賀（ママ）之至候。殊御巻数・御守、被下候。忝奉存候。随御腰物令進献候。宜御披露、可為本望候。恐々謹言

七月十日　　信玄（花押）

勝仙院

（注）年不詳。『戦国遺文』武田氏編第三巻二〇七九号は元亀三年（一五七二）かとする。しかし、本文中の「来秋御入峯」が永禄十年（一五六七）の道澄の初入峯をさしているならば、本文書はその前年の永禄九年（一五六六）のものとなる。六四号の注を参照されたい。住心院所蔵。

七二　武田信玄書状

（包紙上書）
「勝泉院　　信玄」

去比法輪院上洛之砌、令啓達候き。参着候哉。仍就上野国年行事、件之極楽院・大蔵坊、相論之儀候。更以私難決是非候之間、為可奉得門主之御下知、両人罷上候。雖不及申候、憲法之御沙汰肝要候。以此義、可致某分国之亀鏡之趣、可被窺御気色候。恐々謹言

七月十二日　　信玄（花押）

勝仙院
　進之候

（注）年不詳。永禄十年（一五六七）から元亀三年（一五七二）の間に比定されるという（久保康顕「中世上野国における修験道本山派の展開」、『國學院大學大学院紀要―文学研究科―』三三号、平成十四年）。『戦国遺文』武田氏編第二巻一二九五

号は永禄十一年かとする。本文中の「極楽院」については、次号の注を参照されたい。「大蔵坊」は上野国群馬郡西国分村の年行事。宛所の「勝仙院」は増堅。住心院所蔵。

七三　武田信玄判物

（包紙上書）
「極楽院　　信玄」

西上野年行事職之儀、可為如先規候者也。恐々謹言

永禄十一年戊辰

正月廿三日　　信玄（花押）

極楽院

（注）一五六八年。「極楽院」は上野国群馬郡和田山の年行事。極楽院は勝仙院の霞下でも有力な修験で、本号以外にも七二・七五・七八・七九・八六〜八八・九一・一〇四・一〇五・一一四・一二九号に出る。住心院所蔵。

七四　武田信玄書状

（懸紙上書）
「勝仙院　　信玄
御返報　　」

追而、刀一腰進之候。

寔肇年之吉兆、申旧候畢。抑御門主御入峯之内、有御祈念巻数、被送下候。勤而令頂戴候。殊金襴一端拝領、過当之至候。随而貴院于今於本国一宮、武運長久之御祈念御精誠候由候。去頃巻数・矢違之守等到来、其故候歟。当陣懸目任存分候。可御心易候。委曲原隼人佑可申候。恐々謹言

三月三日　　　　　　　　　　　　信玄（花押）

勝仙院

御返報

（注）永禄十一年（一五六八）と推定。武田信玄（晴信）は永禄二年（一五五九）に出家して信玄と号し、元亀四年（一五七三）に没しているので、本文中にある「御門主御入峯」に該当するのは、永禄十年（一五六七）秋の道澄の初入峯しかない。したがって、その翌年の三月三日と推定した。「一宮」は興法寺。「原隼人佑」は昌胤。個人所蔵。『戦国遺文』武田氏編第三巻二〇五〇号所収。

七五　足利義昭御内書

（包紙上書）
「（貼紙）
「義昭」
極楽院」

上野国惣年行事職事。対聖護院門跡、令意見処、無異儀候。然者、守其旨、可抽祈祷之精誠事、肝要候也。

九月廿八日　　　　　　　　（花押）

極楽院

（注）年不詳。花押は足利義昭のもの。足利義昭の将軍在職は永禄十一年（一五六八）～天正元年（一五七三）。極楽院については七三号の注を参照されたい。住心院所蔵。

七六　知行宛行状

秋穂庄公用半分内五石定、為給分宛行之訖。無相違可令領知者也。

六月七日　（花押）

勝仙院

（注）年不詳。花押は聖護院道澄のもの。前住の道増は元亀二年（一五七一）三月一日に寂。宛所の「勝仙院」は増堅。冒頭の「秋穂庄」は周防国吉敷郡。住心院所蔵。

七七　武田信玄条目

条目

一当家先祖新羅三郎義光已来、園城寺江由緒之事。付条々

一三ヶ年已来、山門之穴太流相伝之事。

一云三井、云叡山、一宗勿論候。希者、先祖因縁候之間、智証流真言所望候事。

付、園城住侶之内、真言鍛錬之人下向之事。

以上

七月十三日　（朱印）

勝仙院

進之候

（注）元亀三年（一五七二）と推定。本文書は信玄への僧正位授与に連動するもので、同年のものという（柴辻俊六『戦国期

武田氏領の形成』、校倉書房、平成十九年、一三一頁）。朱印は武田信玄のもの、印文「晴信」。宛所の「勝仙院」は増堅。文中の「新羅三郎義光」は源頼義の息、大治二年（一一二七）没。本文書については、渡辺世祐『武田信玄の経綸と修養』一一五～一二〇頁（更級郡教育会、昭和四年）を参照されたい。宮内庁書陵部所蔵影写本『住心院蔵古文書旧勝仙院』所収。原本は立川市の真如苑所蔵。

七八　武田勝頼安堵状

（包紙上書）
「（貼紙）
「かつよりさま御せうもん」
極楽院　　勝頼」

定

西上野年行事職之事。可為如先規之旨、法性院殿直判歴然之上者、自今以後、不可有相違者也。仍如件。

天正四年六月十七日　　勝頼（花押）

極楽院

（注）一五七六年。差出の「勝頼」は武田信玄の息、天文十五年（一五四六）～天正十年（一五八二）。本文中の「法性院殿」は武田信玄。極楽院については七三号の注を参照されたい。住心院所蔵。

七九　武田勝頼安堵状

定

一下箕輪内　　三貫文

一前和田之内　拾四貫五百文

　付、此内大沼有田畠

右如此、以法性院殿直判、被相渡之上者、自今以後、弥不可有相違候。畢竟、当家武運長久之祈念、可為肝要者也。仍如件。

天正四年丙子　　六月十七日　（花押）

　極楽院

（注）一五七六年。花押は武田勝頼のもの。前号と同一の包紙に収められる。住心院所蔵。

八〇　武田勝頼書状

不存寄候処、珍翰悦然候。殊被凝丹祈巻数送賜候。令頂戴候。就而生衣一端並杉原十帖、到来欣悦候。是も任見本小刀遣之候。恐々謹言

十月廿一日　　勝頼（花押）

　勝仙院

（注）年不詳。宛所の「勝仙院」は増堅。個人所蔵。『戦国遺文』武田氏編第五巻二七三二号所収。

八一　浅黄貝緒免許状

浅黄貝緒之事。年齢猶雖為不相応、年々入峯無懈怠、感修行之志、令免許訖。弥不可有忽緒之儀者

也。

閏七月四日（花押）

勝仙院侍従御房へ

（注）花押は道澄のもの。道澄が活躍した元亀～慶長年間（一五七〇～一六一五）で、閏七月があるのは天正五年（一五七七）と慶長元年（一五九六）である。宛所の「侍従」は四四号に増堅の公名として出ているが、増堅は道増から浅黄貝緒を許されているので、この文書の侍従は次代の澄興（澄存）と見られ、したがって本文書は慶長元年であろうか。浅黄貝緒については四七号の注を参照されたい。天理図書館保井文庫所蔵。

八二　小山田玄怡書状

（包紙上書）
「参　御貴報　小山田備中
勝仙院　玄怡」

追而、態送鳥目百疋、令進上候。以上

御懇書、先以忝畏入候。仍来秋御門跡御入峯之由被仰下、御守被下候。奉頂戴候。内々此恐今度雖申上度候、卒事之体候之間、重而可申上候。然而従御貴僧、御巻数并扇子、被懸御意候。目出奉拝領候。委者彼御使僧頼入候之間、令省略候。恐惶謹言

六月十七日　玄怡（朱印）

勝仙院

中風手煩之間、以印申入候。可預御芳宥候。

参御貴報

（注）年不詳。小山田氏は甲斐武田氏の臣。文中に「来秋御門跡御入峯」とあるが、それが道澄ならば、初入峯が永禄十年（一五六七）、二度目が天正十三年（一五八五）、三度目が天正十七年（一五八九）である。天理図書館保井文庫所蔵。

八三　蘆田幸家書状

（包紙上書）（貼紙）
「住心院什」　蘆田刑部丞

勝仙院　幸家」

御同宿中

今度拙者就相煩ニ、大峯へ当病為平癒、護摩壱座之分、立願申籠候。即時令本服候条、御入峯之砌、御結願可為本望候。従来年之儀者、幸家武運長久、子孫繁昌、殊ニ者弓矢之冥加、并ニ家内安穏為息災、我等一世之間、毎年不可有懈怠候。被得其意、御門跡様へ之御取成、併御祈念奉頼候趣、御披露所希候。恐々謹言

七月十三日　幸家（花押）

勝仙院

御同宿中

（注）年不詳。差出の「幸家」は蘆田氏、甲斐武田氏の臣。園城寺所蔵。

八四　大槻高継書状

（包紙上書）
「　大槻民部大輔

勝仙院　　高継
御同宿中　」

去年拙者煩之砌、大峯へ護摩立願申籠候。御入峯之由候之条、結願可為本望候。高継事、武運長久、子孫繁昌、安穏息、并御懇祈頼入候。恐々謹言

七月十二日　　高継（花押）

勝仙院
御同宿中

（注）年不詳。天理図書館保井文庫所蔵。

八五　跡部勝資書状

（包紙上書）
「跡部大炊助
勝仙院　　勝資」
御報
（端裏）
「（切封墨引）」

誠貴院当方未被申通候処、態御音問、一段被存祝着候。内々疾ニ雖可被及御報儀勿論候、折境北国在陣故、遅々非被存疎意候。然而、拙者へゆかけ弐具珍投、過当之至候。恐々謹言

十月廿一日　　勝資（花押）

勝仙院
御報

（注）年不詳。跡部勝資は甲斐武田氏の臣。天正十年（一五八二）没。園城寺所蔵。

八六　北条氏直判物

（包紙上書）
「（貼紙）
「しんけんさま御せうもん」
　氏直　　　極楽院」

（端裏貼紙）
「氏直」

領知

一下箕輪之内　　参貫文

一前和田之内　　拾四貫五百文

此内大沼ニ有田畠。

已上

右任先規、令寄進畢。国家長久之祈念、可被抽精誠候者也。仍状如件。

天正十一年癸未　正月十二日　（花押）

極楽院

（注）一五八三年。花押は北条氏直のもの。北条氏直は小田原北条氏五代、永禄五年（一五六二）～天正十九年（一五九一）。極楽院については七三号の注を参照されたい。住心院所蔵。

八七　北条氏邦禁制

（包紙上書）「（貼紙）「氏邦」　極楽院」

定

一山屋敷竹木、鉢形衆不可剪取事。

一院内仁鉢形衆、不可陣取事。

一諸役不入之儀、小田原可得御下知候。門前之者十人程免許之儀者、先得其意候。併是者大途江可申上事。

以上

右三ヶ条、令違輩被搦取、当城江可被差越。不被搦者義ハ、誰々被官与有紕明、可承者也。仍如件。

癸未

三月廿八日　　氏邦（花押）

極楽院

（注）　癸未は天正十一年（一五八三）。差出の「氏邦」は北条氏康の息、前号の氏直の叔父、武蔵鉢形城主。住心院所蔵。

八八　北条氏直判物

（包紙上書）「

（貼紙）
「住心院什」

極楽院　」

上野国年行事職之儀、聖護院御門跡数通之御証文披見之上、尤得其意由、先極楽院へ申合候。自今以後、猶不可有異儀状如件。

天正十二年甲申　三月九日　氏直（花押）

極楽院

（注）一五八四年。差出の「氏直」は八六号の注を参照されたい。前号と同一の包紙に収められる。住心院所蔵。

八九　盛楽坊明運請文

駿州之内御厨郷御旦那職之事。法相院種々望雖被申候、先規被仰付候以筋目、御下知忝令存候。仍御上分として毎年わた二把、従先規進上申分、又二把、無懈怠京進可申候。若無沙汰仕候者、旦那職可被召放候。御請文状如件。

天正十三

八月廿三日　盛楽坊　明運（花押）

六角

近江殿

（注）一五八五年。差出の「明運」は、「六角興緒故実」（一八三号）に、「北条家臣今川随属。澄存師幼年ヨリ扶仕。澄存四歳之時、明運軍陣之中抱之扶仕シ除云云。東国修験執事役勤之」とあるのに関連するものか。天理図書館保井文庫所蔵。

九〇　毛利輝元書状

（包紙上書）
「　　毛利
勝仙院回章　　輝元」

御音札快悦候。殊御祈念之御札、矢違之御守并扇子二柄、送給候。御芳情之至、令祝着候。猶期来音、可申述候之条、省略候。恐々謹言

正月十三日　　輝元（花押）

勝仙院回章

（注）年不詳。毛利輝元は五四号・五七号の元就の孫。天文二十二年（一五五三）～寛永二年（一六二五）。永禄八年（一五六五）に元服し輝元を名乗った。住心院所蔵。

九一　徳川家康黒印状

（包紙上書）
「（貼紙①）「住心院什」
（貼紙②）「だいふさま御せうもん」
極楽院」

（端裏貼紙）
「住心院」

在陣為届、祈念之守札并五明・墨到来、祝着候。委細全阿弥可申也。

九月十一日　（壺形黒印）

極楽院

（注）年不詳。黒印は徳川家康のもの。本文中の「五明」は扇。「全阿弥」は内田正次。内田正次は天正八年（一五八〇）に全阿弥と改め、徳川家康の同朋に任じられた。貼紙②の「だいふさま」は徳川家康が内大臣に任じられ、「内府（だいふ）」と呼ばれたことによる。住心院所蔵。

九二　徳川家康書状

（包紙①上書）
「家康公御書　壱通」
（包紙②上書）
「勝仙院　家康」

御書拝見忝存候。仍採灯護摩札・御守并綴一端、杉原十帖、送被下候。即拝領仕候。如尊意之稍不申上候。背本意存候。将又、分国中諸山伏之事承候。如先規、聊不可存疎略候。此等之趣、可然様御披露所仰候。恐々謹言

十月廿八日　家康（花押）

勝仙院

（注）年不詳。宛所の「勝仙院」は増堅か。本文中の「採灯護摩札」は、大峯峯中小篠における護摩の札であろう。「綴」は綴織。住心院所蔵。

九三　徳川氏奉行人連署状

（包紙上書）
「酒井左衛門督忠次
本多右兵衛佐広孝　連書壱通
二位法印如雪

天正十五九月晦日」

今度桜本対勝仙院、就謀書謀判被仕候、如御家法度、可有御成敗之処、種々御訴訟申ニ付、御赦免被成、本望令存候。自今以後之儀、以一札申定候。若此旨於有違背者、急度可申付候。向後、聊不可存疎意候。恐々謹言

天正十五
九月晦日
酒井左衛門督
忠次（花押）
本多右兵衛佐
広孝（花押）
二位法印
如雪（花押）

勝仙院
玉床下

（注）一五八七年。この時点で徳川家康は駿府を本拠とし、駿河・遠江・甲斐・信濃・三河の五ヶ国を領地としていた。本文中の「桜本」は甲府所在。宛所の「勝仙院」は増堅。住心院所蔵。

以上

九四　是庵如雪書状

従聖護院殿、御僧御下向候。於岡崎、御対面被成候。然者、御分国中諸山伏之儀、如先規之被仰付候

旨、従去年被仰出候。尚以、今度御使御下候。其表之儀、可然様ニ可被仰付候。兼亦、此方へ御出之刻、彼是取紛候て不存候。以後、承候て流竿述懐令申候。此方御用之儀、不可有疎意候。猶来信之刻可令申候。不能詳候。恐々謹言

十月十五日

二位法印

如雪（花押）

菅沼小大膳殿御宿所

（注）年不詳。差出の「如雪」は徳川家康の奉行人。前号・次号および一〇三号にも出ている。宛所の「菅沼小大膳」は菅沼定利で、元亀二年（一五七一）に徳川家康に仕え、慶長七年（一六〇二）に没している。天理図書館保井文庫所蔵。

九五　是庵如雪書状

（包紙上書）
「是庵

如雪」

勝仙院貴報

尚以於爰許ニ自今以後、相応之御用等、不可存疎意候。

如承候、未申通候之処ニ、貴札殊ニゆかけ一具送給候。被寄思召、本望至極令存候。然者、分国中山伏之儀、即御取合申候。如前々不可有別条候由候。先以可御心安候。甲州江茂拙者、右之筋目申遣候。尚従叶坊、可有演説候之間、令省略候。恐々謹言

十月晦日

如雪（花押）

勝仙院貴報

（注）年不詳。文中の「叶坊」は遠江国浜松の年行事、秋葉山別当。天理図書館保井文庫所蔵。

九六　本多広孝書状

（包紙上書）
「　本多右兵衛佐
勝仙院御報　広孝　」

御札拝見、本望之至候。仍去夏中、結袈裟赤房之儀、御調奉頼候処、只今下給候。忝拝領仕候。偏被入御精故候。難申尽存候。重而自是、御礼可申上候間、弥御取成伺存候。爰許御用之儀承候。不可存疎略候。尚期後音之時候。恐惶謹言

十一月三日　広孝（花押）

勝仙院
御報

（注）年不詳。本多広孝は徳川家康の臣で、永禄七年（一五六四）に三河国田原城を与えられ、慶長元年（一五九六）に没している。本文中に「結袈裟赤房」とあるが、赤房結袈裟は本来、聖護院門主に限る特別な色目であった。天理図書館保井文庫所蔵。

九七　本多広孝書状

猶々委細之通、叶坊可有演説候由承候。去年ハ種々御懇意御下候。

去比者御懇札、殊更扇子贈賜候。恐悦存候。随而、甲州山伏衆法度事、於爰元、当山方へ申談候。大

略時宜可令落着義候。可御心安候。猶秋中可致上洛候之間、期面謁之時候。恐々謹言

五月廿八日　　　　　　　　　　　　広孝（花押）

勝仙院貴報

（注）年不詳。猶々書の「叶坊」は九五号の注を参照されたい。天理図書館保井文庫所蔵。

九八　本多広孝書状

（包紙上書）
「諏訪安芸守殿江
本多豊後殿より之状　　一通」

猶以勝仙院、小室へ御通可有之間、路次等之儀、無相違様御馳走尤候。

聖護院様為御名代、勝仙院御下向候。家康分国中、如先規、諸山伏法度之儀、被仰付候。諏安与被仰合、其郡山伏中別条無之様、可被仰付之由、被仰出候。酒左可被申入候へ共、於岡崎御取乱之間、自拙者此旨可申入候。浜松御留守居之儀者、相替儀候者可申入候。路次中御馳走、無申計之由候。可御心安候。恐々謹言

本多豊後守

拾月十二日　　　　　　　　　　　　広孝（花押）

芝田七九郎殿
御宿所

（注）年不詳。宛所の「芝田七九郎」は徳川家康の臣柴田康忠で、文禄二年（一五九三）に没している。冒頭の「聖護院様」

は道澄。「勝仙院」は増堅。「諏安」は諏訪頼忠。「酒左」は酒井忠次。猶々書の「小室」は信濃国佐久郡小諸か（小諸はもと小室と記したという）。住心院所蔵。

九九　本多広孝書状

聖護院様為御名代、勝仙院御下向候。殿様江於岡崎御礼被仰候。此方御分国中之儀、御徘徊候。只今、信甲へ御下向候。役所無相違様、可被仰付候。此旨従岡酒左、被申越候。其許山伏中、自然違乱之事候者、如先々可被仰付候。将又、路次中御馳走共、無申計之由候。可為御大慶候。浜松御留守ニ候間、御用候者、可被仰越候。恐々謹言

拾月十六日　　本豊　広孝（花押）

小栗二右衛門尉殿

倉橋三郎五郎殿　参

（注）年不詳。宛所の「小栗二右衛門尉」は小栗吉忠、徳川家康の臣で、天正十八年（一五九〇）九月二十日に没。冒頭の「聖護院様」は道澄。「勝仙院」は増堅。「酒左」は酒井忠次。「浜松御留守」は次号を参照されたい。天理図書館保井文庫所蔵。

一〇〇　本多広孝書状

猶以上方之様子、可御心安候。此表之儀、弥可為御存候ハヽ、様子此勝仙院御存知之事候間、御雑談可被成候。小室へ御通可有之間、路次中御馳走肝要候。已上

急度申入候。従聖護院様為御名代、勝仙院御下向被成候。家康分国中、如先規諸山伏之儀、法度被仰付候。御郡中無相違様尤候。拙者ハ如先書申入候、浜松御留守居之儀候。於岡崎、我等可申入之由、従酒左被申越候之間、如此候。就中、今度御上洛御仕合、可為思召侭候之間、可御心安候。為御暇乞、御使者并数多被進之候。御祝着之由、彦次郎従岡申越候間、本望存候。恐々謹言

本多豊後守

拾月廿六日　広孝（花押）

諏訪安芸守殿人々御中

（注）年不詳。宛所の「諏訪安芸守」は徳川家康の臣諏訪頼忠で、元は家康と対抗していたが天正十一年（一五八三）に家康から本領を安堵され、天正十八年（一五九〇）に家康の関東入国に従っている。天理図書館保井文庫所蔵。

一〇一　酒井忠次書状

猶以、其国山伏・祢宜、京都之御下知次第之由、堅可被仰触候。

従聖護院殿、御使并御状候。則御請被成候。御分国中諸山伏、号当山、京都之御下知違背之族於在之者、急度可有御成敗旨、被仰出候。御朱印雖可被遣候、御上洛之砌御急付而、自拙者申入候。恐々謹言

酒井左衛門尉

十月十九日　忠次（花押）

芦田弥十郎殿

菅沼小大膳殿
御宿所

（注）年不詳。差出に「左衛門尉」とあるが、酒井忠次は天正十四年（一五八六）に従四位下左衛門督に叙任している。宛所の「菅沼小大膳」は九四号の注を参照されたい。天理図書館保井文庫所蔵。

一〇二　酒井忠次書状

（包紙上書）
「勝仙院　忠次」
酒井左衛門尉

御書致頂戴忝存候。仍家康江大峯採灯護摩之御札・御守、御土産之趣、即申聞候処、一段被致祝着、具以直報被申上候。将亦、分国中諸山伏之事、如先例、可被仰付候。聊家康不被存無沙汰候。随而、私へ御守・御札并ゆかけ被下候。拝領過分至極存候。此趣、可然様御披露所仰候。恐々謹言

十一月二日　忠次（花押）

勝仙院

（注）年不詳。宛所の「勝仙院」は増堅。本文中の「大峯採灯護摩」は峯中小篠で修行するもので、九二号にも出ている。勝仙院（のち住心院）は幕末まで、徳川将軍家施主の大護摩を取り次いだが、その契機は増堅と徳川家康との交誼にあったことを窺わせる。天理図書館保井文庫所蔵。

一〇三　酒井忠次書状

猶以只今者、当地普請事、殊更本豊・如雪斎可被参候間、両人参次第内随可申済候。以上

御尊札之趣、委細拝見申候。仍御守并御音信、過分ニ奉存候。就中、御山伏御法度之儀、被仰越候。幸駿府在事候条、可然様談合可申候。万端重而可申上候条、不能懇筆候。恐惶謹言

酒井左衛門督

三月廿四日　　忠次（花押）

勝仙院尊報

（注）年不詳。酒井忠次は天正十四年（一五八六）に左衛門督となり、天正十六年（一五八八）に致仕している。宛所の「勝仙院」は増堅。猶々書の「本豊」は本多豊後守広孝、「如雪」は九三～九五号にも出る。宮内庁書陵部所蔵影写本『住心院蔵古文書旧勝仙院』所収。

一〇四　徳川家康朱印状

（包紙①上書）
「御朱印一通」

（包紙②上書）
「上野国年行事職

権現様御朱印　　一通」

（端裏貼紙）
「住心院」

上野国年行事職事

右任聖護院門跡被定置先例、領掌不可有相違者也。仍如件。

天正廿年

正月廿三日　（朱印）

極楽院

（注）一五九二年。徳川家康は天正十八年（一五九〇）に伊豆・相模・武蔵・上野・上総・下総の六ヶ国に転封している。朱印は徳川家康のもの。宛所の「極楽院」については、七三号の注を参照されたい。住心院所蔵。

一〇五　聖護院道澄書状

（包紙上書）
「井伊侍従殿　　（花押）」

（切封墨引）

旧冬依染愚筆、筋目極楽院事、預憐察之趣、今度承届候。誠以感悦此事候。就遠路、然々不遂注進故、去春御上之刻無音、頗背本意候。修験中之儀者、家康無御等閑上者、弥可然之様頼入候。重而在洛之節者、必期面上計候也。

九月十六日　　（花押）

井伊侍従殿

（注）年不詳。花押は道澄のもの。宛所の「井伊侍従」は井伊直政で、天正十六年（一五八八）に侍従となり、慶長七年（一六〇二）に没している。園城寺所蔵。

一〇六　小野高光書状

為歳暮御祈祷、如例年、御巻数并十帖・壱本、具申聞候之処ニ祝着之旨、以一書被申入候。随而、私許へ廿疋致拝領候。海道之儀、不可存疎意候由、可得尊意候。恐惶謹言

十二月晦日　　　　　　　　　　　　　　　高光（花押）

勝仙院

尊報

（注）年不詳。小野高光は慶長七年（一六〇二）に召された徳川家康の家臣。次号の注を参照されたい。天理図書館保井文庫所蔵。

一〇七　秦比高寛書状

為歳暮御祈祷、如例年、御巻数并十帖・一本、具申聞候之処ニ祝着之旨、以一書被申入候。随而、私許江廿疋致拝領候。海道之儀、不可存疎意候之由、可得尊意候。恐惶謹言

秦比一衛門尉

十二月廿九日　　　　　　　　　　　　　　高寛（花押）

勝仙院

尊報

（注）年不詳。前号と花押が酷似し、文章も同一である。秦比一衛門尉高寛と前号の小野高光は同一人であろう。『寛政重修諸家譜』第十「小野高光」の項に「今の呈譜高寛に作る」とある。天理図書館保井文庫所蔵。

一〇八　雑務坊源春書状

（包紙上書）
「御殿御書付」

以上

度々承候駿河之山伏之儀、兎角不相届之旨、御意候へ共、自玄養坊、具被申上之由候間、左様候者、於御出者談合申、何とそ肝煎候て可見申候条、可有其御心得候。恐惶謹言

卯月廿三日　　雑務坊
源春（花押）

勝仙院
人々御中

（注）年不詳。差出の「雑務坊源春」は寛永四年（一六二七）二月十一日、六十一歳で法印に叙され、慶安五年（一六五二）四月二十七日に八十五歳で没（京都大学文学研究科図書館所蔵「諸門跡坊官略系」）。宛所の「勝仙院」は増堅か澄存。住心院所蔵。

一〇九　杉本坊周為・雑務坊源春連署書状

(包紙上書)
「興意御門跡より勝仙院江大山之儀、被仰付候雑務・杉本状」

相模国大山修験道、近年乱候故、大峯修行之者然々無之、其上御通ニも不罷出候。然者、法度以下、急度被仰付候様ニ、貴院江被成御預候間、堅可有御下知之由、御門跡様御意候条、可被得其意候。恐々謹言

三月廿一日　　雑務坊
源春（花押）

杉本坊
周為（花押）

勝仙院殿

（注）年不詳。宛所の「勝仙院」は増堅か澄存。本文冒頭の「大山」は神奈川県伊勢原市に所在。慶長十年（一六〇五）、大山寺は徳川氏により清僧のみとされ、修験・神職は麓に居住することとなった。「御通」は入峯にさいして上洛し、聖護院門主に拝謁すること。住心院所蔵。

一一〇　柴庵玄派・雑務坊源春連署書状

以上

駿河・遠江両国之事。道興准后様御墨付有之由、於無其紛者、不可有御別儀候。何も重而可被成御穿鑿之旨、相心得可申由候。恐々謹言

八月十日

雑務坊
源春（花押）

柴庵
玄派（花押）

勝仙院

（注）年不詳。宛所の「勝仙院」は増堅か澄存。本文中の「道興准后様御墨付」は三九号に該当するか。「聖護院文書」一三四箱五一号。

一一一　後陽成天皇口宣案

（端裏銘）「口宣案」
（上卿銘）「上卿　中山大納言」
文禄四年五月十五日　宣旨
大法師澄興　（貼紙）「澄存ノ御事」
宜任権律師。
蔵人頭右大弁藤原資胤奉

（注）一五九五年。「当院代々記」（京都大学附属図書館島田文庫本）にも「澄存　元澄興」とある。「中山大納言」は中山親綱。藤原資胤は中御門。包紙上書に「口宣　住心院澄存」とある六通の内。住心院所蔵。

一一二　後陽成天皇口宣案

（礼紙上書）「口宣案」
上卿　中山大納言
慶長三年七月三日　宣旨
法印増堅
宜任権僧正。
蔵人頭右中弁藤原光豊奉

（注）一五九八年。このとき増堅は権僧正に昇任したが、おそらく勝仙院として初の栄職と見られる。「聖護院文書」七七箱

二号。

一一三　聖護院興意親王令旨

（包紙上書）
「勝仙院　　源春」

（花押）

佐渡島修験年行事識《（ママ）》之儀、被仰付訖。然上者、毎年入峯無懈怠之様、諸事法度以下、堅可被申付事肝要之由、依聖護院御門跡御気色、執達如件。

慶長十年卯月十六日　　　　法眼（花押）
　　　　　　　　　　　　　法印（花押）

勝仙院

（注）一六〇五年。袖の花押は聖護院興意親王のもの。興意親王は天正四年（一五七六）、陽光院誠仁親王の息として生まれ、天正十一年（一五八三）に円満院へ入室し、天正十九年（一五九一）、改めて聖護院に入室した。前住の道澄は文禄四年（一五九五）、豊臣秀吉によって方広寺大仏殿住持に任じられ、照高院を名乗った。差出の「法印」は坊官杉本坊周為か。「法眼」は雑務坊源春。源春については一〇八号の注を参照されたい。宛所の「勝仙院」は澄興（澄存）。前住の増堅は慶長五年（一六〇〇）に隠居して、因幡堂に草庵を建立し桂芳院と号した（一八一号「住心院古代中興歴数并勝仙院歴代」）。住心院所蔵。

一一四　聖護院興意親王書状

（包紙上書）
「極楽院」

猶々談合之事候間、必々急罷越候様ニ待入計候。

此間者、為見廻差越使者、満足之事候。然者、爰許之様子ニ付、談合之事候間、其元隙入候共、涯分急候而、此方待入候。為其如此候。猶各書状ニ可申越候間、不具候。かしく

正月十二日　（花押）

勝仙院

（注）年不詳。花押は興意親王のもの。宛所の「勝仙院」は増堅か澄存。住心院所蔵。

一一五　先達代官補任状

甲州之内黒駒郷旦那之事。従是先達中付候間、為代官旦那廻可被申者也。仍如件。

慶長十年八月　日　澄興　花押

大覚坊

（注）一六〇五年。差出の「澄興」は澄存。まだ改名していない。東八代郡「清道院文書」、『新編甲州古文書』第一所収。

一一六　池坊専好屋敷譲状

（包紙上書）
「慶長十五年、池坊より屋敷被遣状」

我等存来候屋敷、数年御望候へとも同心不申候処、今度丸山長厳・連阿弥・明善坊・久保喜運、種々被仰ニ付而進呈候。東西十六間、南北八間二尺渡進候。為後日状如件。

慶長十五年　池坊

壬二月十七日　　　　　　　　　　　専好（花押）

勝仙院

参

（注）一六一〇年。差出の「池坊専好」は生没年不詳、頂法寺六角堂の執行で、いけばな作家。宛所の「勝仙院」は澄存。園城寺所蔵。

一一七　大井法花堂遺跡安堵状

法花堂遺跡之儀、取立候間、各無疎略可有奉公者也。恐々謹言

閏六月五日　　　　　　　勝仙院

　　　　　　　　　　　　増堅（花押）

法花堂

衆分中

（注）「閏六月」とあることからすると永禄元年（一五五八）であろう。「法花堂」については一一九号にも出る。信濃大井庄の修験。慶長十二年（一六〇七）、年行事となった。「大井文書」、『信濃史料』一二巻二一二頁所収。

一一八　金地院崇伝・板倉勝重連署書状

以上

飛札令披見候。八人之先達衆、先日対決之刻、於聖護院殿御前、入峯仕間敷由申候。其以後、又可致

入峯かと被申候間、聖護院殿御意次第ニ可被仕旨申渡候。然所ニ聖護院殿へ不得御意、押而入峯之由、御紙面之趣不審ニ存候。兎角聖護院殿御下知次第、本山先達中、諸法度相立候様ニ尤存候。恐々謹言

八月廿四日　　板倉伊賀守
勝重（花押）
金地院
崇伝（花押）

勝仙院貴報

（注）年紀はないが、「本光国師日記」により元和元年（一六一五）のものと判明する。この年春以来、大峯峯中の護摩料をめぐり一方は千勝院・南光坊ら八人、もう一方は勝仙院・東一坊・南覚院・喜蔵院・玉滝坊らと、先達中が分かれて対立していたのである。差出の「金地院崇伝」は以心崇伝、江戸幕府の政治顧問で「本光国師日記」の記主。「板倉伊賀守勝重」は京都所司代。宛所の「勝仙院」は澄存。天理図書館保井文庫所蔵。

一一九　勝仙院増堅書状

態申候。仍法花堂跡目民部卿由緒之子細有之儀候間、涯分被取立、来年入峯候様、可被相談事専一候。其外同行迄之儀、同事候。恐々謹言

九月一日　　勝仙院
増堅（花押）

志賀

泉蔵坊

（注）一一七号と同年か。「法花堂」については一一七号を参照されたい。「大井文書」、『信濃史料』二二巻二一三頁所収。

一二〇　後水尾天皇口宣案

（端裏銘）「口宣案」
（上卿銘）「上卿　西園寺中納言」

元和三年三月廿三日　宣旨

法眼澄存

宜叙法印。

蔵人頭右大弁藤原兼賢奉

（注）一六一七年。勝仙院澄存は三十八歳。「西園寺中納言」は公益。藤原兼賢は広橋。包紙上書に「口宣　住心院澄存」とある六通の内。住心院所蔵。

一二一　徳川秀忠黒印状

（包紙上書）「勝仙院」
（端裏貼紙）「住心院」

祈祷之札并条五筋、被相贈之。尤善悦《（ママ）》之至候。謹言

十一月十二日

秀忠（黒印）

勝仙院

（注）年不詳。差出の「秀忠」は将軍徳川秀忠、在職は慶長十年（一六〇五）～元和九年（一六二三）。本文冒頭に「祈祷之札」とあるが、月日から推して大峯の祈祷札であろう。宛所の「勝仙院」は澄存。住心院所蔵。

一一二　徳川秀忠黒印状

（包紙上書）
「勝仙院」

如恒例、祈祷之札并条十筋・桧笠五、遠路到来善入《ママ》候。尚酒井雅楽頭可申候。謹言

霜月晦日　（黒印）

勝仙院

（注）年不詳。黒印は徳川秀忠のもの。宛所の「勝仙院」は澄存。本文冒頭に「如恒例」とあるが、勝仙院（のち住心院）は幕末まで、毎年、将軍家へ大峯祈祷札を献上していた。「酒井雅楽頭」は江戸幕府老中酒井忠世、在職は慶長十四年（一六〇九）頃～寛永十一年（一六三四）。住心院所蔵。

一一三　野中助右衛門等連署書状

猶々今早天ニ、夜前之御宿へ持参申候へハ、はやく御たち被成候間、めいわく仕候。江戸ニて可然様ニ、筑後・年寄共、被仰渡可被下候。以上

態以飛脚申上候。勝仙院様当国へ御着被成候ニ付、朝筑後方より米弐拾俵、進上申候へ由、兼日被申越候。今廿九日ニ夜前之御宿山城所へ、米持参致候へハ、はやく御立ニ御座候間、迷惑仕候。此等之趣、可然様ニ被仰上、御披露可被下候。同ハ米三斗五升入弐拾俵、御指図次第、当国の御山伏衆へ相

渡し申度候。為御跡より乍恐申上候。恐惶謹言

六月廿九日

未ノ刻

依田孫右衛門

之（花押）

田中平左衛門

□（花押）

野中助右衛門

□（花押）

勝仙院様

御小性衆

御披露

（注）年不詳。本文中の「朝筑後」は朝倉宣正、天正十八年（一五九〇）、徳川氏に召され秀忠に付属した。澄存は元和七年（一六二一）に若王子へ転住し、勝仙院を兼帯したので、それ以降は通常、若王子を称している。それを勘案すると、元和七年以前かと思われる。徳川氏から道中、米を提供する手配を受けたのであるが、慶長十四年（一六〇九）、興意親王が江戸へ下向するさいにも、岡崎で城から兵糧として白米五俵・薪十荷などを贈られている（「照高院興意様関東御下向略記」「聖護院文書」九三箱一号）。天理図書館保井文庫所蔵。

一二四　勝仙院澄存書状

以上

遠路預貴札候。今度者、御戸就御代官参、御理之通具承候。於新宮御返事可申入候。御供等之儀者、

万々役者支度仕可然候。猶期面上之時候。恐々謹言

三月廿七日

勝仙院
澄存（花押）

実報院
御返報

（注）年不詳。差出の「澄存」は元和七年（一六二一）に若王子へ転住し、勝仙院を兼帯している。宛所の「実報院」は熊野那智所在。『熊野那智大社文書』第三所収「米良文書」一〇一二号。

一二五　勝仙院澄存書状写

右之旨、光明寺へも被仰聞候。以上

其地年行事職之儀、如先々八大坊ニ返被下候間、各同行衆、別而奉公尤候。かしく

七月三日

澄存（花押模写）

竹貫
山伏中

（注）慶長九年（一六〇四）か。本文中の「光明寺」は岩城。「八大坊」は陸奥の竹貫別当大善院。竹貫古殿八幡社の別当。若王子霞下で、石川別当と争いを繰り返していた。追而書の「光明寺」は岩城郡上平の修験。京都大学文学部所蔵「若王子候人奉書写」所載。

一一六　後水尾天皇口宣案
（端裏銘）

「口宣案」

（上卿銘）

「上卿　清閑寺中納言」

寛永元年十二月廿五日　宣旨
法印澄存
宜為伝法灌頂大阿闍梨。

蔵人頭左中弁藤原光賢奉

（注）　一六二四年。澄存は四十五歳。『園城寺文書』第七所収「伝法灌頂血脈譜」によると、澄存は澄興と名乗っていた慶長六年（一六〇一）十二月一日、園城寺唐院で積善院尊雅から受法し、寛永元年十一月廿七日から十二月十七日までの間に八人に伝授し、さらに寛永十六年（一六三九）十一月に道晃親王ら四人に伝授している。この口宣案と「伝法灌頂血脈譜」の間に日付の疑問が生じるが、口宣案に「十二月」とあるのは再確認した。「清閑寺中納言」は清閑寺共房。「藤原光賢」は烏丸。包紙上書に「口宣　住心院澄存」とある六通の内。住心院所蔵。

一一七　後水尾天皇口宣案
（端裏銘）
「口宣案」
（上卿銘）
「上卿　日野新大納言」
寛永四年正月十二日　宣旨
法印澄存
宜任権僧正。

（注）一六二七年。澄存は四十八歳。「日野新大納言」は日野資勝。「藤原俊完」は坊城。包紙上書に「口宣　住心院澄存」とある六通の内。住心院所蔵。

蔵人兵部少輔藤原俊完奉

一二八　明正天皇口宣案写

（端裏書）「本紙在東山。

口宣案」

上卿　日野大納言

寛永七年正月十一日　宣旨

権僧正澄存

宜転任正僧正。

蔵人左中弁藤原俊完奉

（注）一六三〇年。澄存は五十一歳。「日野大納言」は日野資勝。「藤原俊完」は坊城。端裏上書の「東山」は若王子。包紙上書に「口宣　住心院澄存」とある六通の内。住心院所蔵。

一二九　極楽院証文借用状

今度国本極楽院田畠、井伊兵部様よりなわ入候に付、為御詫言罷下候。就其極楽院へ之御証文、被成御借シ忝候。

一信玄之御証文
一勝頼之御証文
一氏直之御証文
一氏邦之御証文
右合四通、慥ニ請取申候。国本へ罷下、各々へ懸御目、其後急度返進可仕候。為後日状如件。
寛永九年
十月廿九日　　　若狭（花押）
勝仙院様御内
内藤兵部殿

（注）一六三二年。極楽院は上野国群馬郡和田山の年行事、七三号の注を参照されたい。宛所の「内藤兵部」家は元、駿河・遠江の領主今川氏の家臣で、今川氏が没落後、慶長五年（一六〇〇）に今川氏直の次男が出家するのに随従し、住心院の候人となったという（京都大学文学部所蔵「住心院候人内藤兵部家伝」）。本文中の「井伊兵部」は井伊直勝。「なわ入」は縄入、検地のこと。「信玄」・「勝頼」は武田、「氏直」・「氏邦」は北条。「聖護院文書」八三箱二一号。

一三〇　明正天皇口宣案

（端裏銘）「口宣案」
（上卿銘）「上卿　中院大納言」
寛永十四年三月二日　宣旨
僧正澄存

宜転任大僧正。

蔵人頭右大弁藤原共綱奉

（注）一六三七年。澄存は五十八歳。「中院大納言」は中院通村。「藤原共綱」は清閑寺。包紙上書に「口宣　住心院澄存」とある六通の内。住心院所蔵。

一三一　上野国先達職安堵状

（包紙上書①）
「道晃様

上野国御奉書　寛永十七年八月、被仰出者也。」

（包紙上書②）
「道晃様上野国御書」

上野国修験、近年仕置就被申付、年々入峯逐日繁昌、当道之忠勤不過之。然上者、彼国先達職、永代不可有相違。弥可被加下知者也。謹言

八月十日　（花押）

勝仙院大僧正御房

（注）一六四〇年。花押は聖護院道晃親王のもの。道晃親王は後陽成天皇皇子、寛永二年（一六二五）に十四歳で得度、寛永十六年（一六三九）に澄存から伝法灌頂を受けている。宛所の「勝仙院大僧正」は澄存。住心院所蔵。

一三二　聖護院道晃親王書状

（包紙上書）
「道晃親王御書」

返々、去々年之御上給候箱之内、返納候也。

上野之事。如下書、書付候て進入候。此分候て佳事候哉。入峯十二三日比、可有発足之由、尤存候。

御辺可然候。今日可被入来之由、待入候也。

八月十日　□□

（切封墨引）　若王子御房

（注）　寛永十七年（一六四〇）か。文字は道晃親王の自筆。同日付で、内容的にも前号と一具と見られる。ただし、前号は「勝仙院大僧正」宛で、本号は「若王子」宛であることは注意を要する。宛所の「若王子」は澄存。差出の「□□」は号で「似乱」か。住心院所蔵。

一三三　後光明天皇口宣案

（端裏銘）

「口宣案」

（上卿銘）

「上卿　三条大納言」

慶安五年三月廿日　宣旨

晃玄

宜任権律師。

蔵人右中弁藤原熈房奉

（注）　一六五二年。勝仙院晃玄は松平紀伊守家信の息、澄存の資。この年、晃玄は十九歳である。「三条大納言」は三条公富。「藤原熈房」は清閑寺。包紙上書に「口宣八通　住心院晃玄」とある八通の内。住心院所蔵。

一三四　聖護院道晃親王・道寛親王連署依頼状写

（端裏書）
「勝仙院（切封墨引）」

勝仙院寺領之事。少分ニ而も御訟訴申上度候。諸院家衆、何も寺領被帯候。勝仙院義者無之候。従将軍家、毎年大峯御祈祷被仰出義ニ候間、少分之寺領ニ而も、為御祈祷料、拝領被申候様、何とそ御取成頼存候。以上

霜月八日　道寛

道晃

吉良若狭守殿

（注）年不詳。道寛親王が得度したのは明暦三年（一六五七）、道晃親王が照高院へ隠居したのは万治元年（一六五八）、寂したのは延宝七年（一六七九）である。宛所の「吉良若狭守」は江戸幕府の高家吉良義冬。義冬は寛文八年（一六六八）、息義央に家督を譲っている。園城寺所蔵。

一三五　若王子澄存処分状

（包紙）
「徳本院殿御判物　都合十通御遺書」

（包紙紙背）
「住心院権僧正　松平出羽守」

覚

一雪舟之山水二幅一対中尊ハ、何ニても、跡ニて取合可申候。　若王子

一等室之屛風　若王子
一雪舟之釈迦并普賢・文殊三幅　勝仙院
一小判百両　七条袈裟　ゑんかう絵二幅　加耶（ママ）院
一七条袈裟一通　大峯かし銀三貫目　玄隆坊
一七条袈裟一通　小判三拾両　養仙坊
一つる、小判三拾両　さん、小判三拾両　きく、三拾両
さく、三拾両
一徳報院、小判三拾両
一弐拾両　民部
一弐拾両　又兵衛
一弐拾両　次郎兵衛
一拾両　権三郎
一拾両　兵四郎
一銀子拾枚　十次郎
一京東山桧木材木能を　加耶院
一沢庵かな墨跡　同
一壬生米四石　仙岩院
一同四石　千勝院

一民部東隣屋敷　自斎後家已後ハ、又兵衛へ可遣候。

　慶安五年七月吉日　　　　　　　澄存（花押）

覚

一雪舟之山水二幅一対中尊ハ、何ニても、跡ニて取合可申候。　　若王子

一等室之屏風　　　　　　　　　　若王子

一雪舟之釈迦并普賢・文殊三幅　　勝仙院

一小判百両　七条袈裟　ゑんかう絵　　加耶（ママ）院

一七条袈裟一通　大峯かし銀三貫目　　玄隆坊

一七条袈裟一通　小判三拾両　　養仙坊

一つる、小判三拾両　さん、小判三拾両　きく、三拾両

　さく、三拾両

一徳報院、小判三拾両

一弐拾両　　　　　　　　　　民部

一弐拾両　　　　　　　　　　又兵衛

一弐拾両　　　　　　　　　　次郎兵衛

一拾両　　　　　　　　　　　権三郎

一拾両　　　　　　　　　　　兵四郎

一銀子拾枚　十次郎
一京東山桧木材木能を　伽耶院
一沢庵かな墨跡　同
一壬生四石　仙岩院
一同四石　千勝院
一民部東隣屋敷　自斎後家已後ハ、又兵衛へ可遣候。
慶安五年七月吉日　澄存（花押）

覚

一大藤検校、六貫目のかし銀
右之内　弐貫目、式部　弐貫目、兵部
壱貫目、治兵衛　壱貫目、理兵衛
右之利足相済候者、宗春子共与兵衛・主馬、可遣候。
一小判百両　但有金　又三郎
一小判百両　助之丞
慶安五年七月吉日
若王子

一閑極掛物
一絵高麗茶碗
一丸香不動　従昔之住物
一公方御代々之書物
一
以上
慶安五年七月吉日　　澄存（花押）
勝仙院
民部
兵部
式部

若王子
一判金　十枚有
一小判　百両有
一吹出銀　壱貫目有
一墨跡　うり候ハヽ百両
一丸壺　うり候ハヽ百両

以上
右以相談、遣可申候。
慶安五年七月吉日　澄存（花押）
勝仙院
民部
兵部
式部

勝仙院
一聖一国師掛物
一こき手高麗茶碗　但二ツニワレメ有
一智証大師黄不動一幅　四明王四幅　弘法御筆
一
一
以上
慶安五年七月吉日　澄存（花押）
勝仙院
民部

兵部
式部

勝仙院

一判金十枚　掃部殿九枚 出羽殿壱枚
一小判　百両有
一はい吹銀　壱貫目有
一墨跡　うり候はヽ百両
一丸壺　うり候はヽ百両

以上

右以相談、遣可申候。

慶安五年七月吉日　澄存（花押）

勝仙院
民部
兵部
式部

（注）一六五二年。澄存は慶安五年八月二十三日、江戸で七十三歳にして入寂、号は徳本院。その時点で澄存は若王子・勝仙院・伽耶院を兼帯していた。本文書は死の前月、各院の分割を前提に、資産の配分を指示したものである。「民部」は若王

子候人の三上民部、「兵部」は勝仙院候人の内藤兵部、「式部」は若王子候人の前羽式部。「聖護院文書」一三四箱一〇号。

一三六　江戸幕府高家衆達書写

覚

一御死骸、東山ニ可納申事。
一御追号之事。真性院なとへ相談致、古法のことく可然様可被致沙汰事。
一御中陰之事。於東山、法事可在之候。
一五七日之事。
一五十日之事。
右二ヶ度之内、於勝仙院、一ヶ度御弔可在之事。
一百箇日之事。於東山、法事可在之事。
右御弔之事者、此方にて難量候間、三井寺衆以相談、宗門之作法尤候事。
一御石塔之事。
一御法事等入用之事。若王子・勝仙院、無差別被相勤、尤候事。
一禁中様・女院様、其外宮々様方、御祈祷之事。
禁中様大護摩ハ若王子。
女院様并宮々様方ハ、若王子・勝仙院、両人ヨリ御祈祷、可申上事。
一公方様御祈祷之事。

大峯大護摩、勝仙院へ。

葛城大護摩、若王子へ。

右両寺より御祈祷、可申上事。

一松平下総殿祈祷、若王子。　一井伊掃部殿祈念、勝仙院。

一高田様大護摩。但、是ハ惣ノ施物、等分にくぢ取候事。

右之外、諸だんな衆ハ寺ニ付たると、又其むより〳〵惣たんな衆の御施物、高下なき様ニ等分ニわけ、両寺へ支配可然事。

一若王子・勝仙院へ御わけ分之金銀を以、今度之御弔之入用、并買かゝり等はらひ、残所ハ少つゝ御形見ニ被下候。面々へ金子遣て尤候事。

一東山・六角堂ニ、しかと相究候諸道具ハ、勿論無別儀事ニ候。其外之御道具并書物等ハ能改、目録を調、ふうを付をき、尤之事。

一又三郎・助丞ニ被下候金子之事。両人共ニ有金にて、只今遣候様ニと被仰置候間、任其意可致頂戴事。

一式部事。若王子・勝仙院両寺之為使、江戸むき諸たんな方之儀はし廻、大僧正様御在世之ことくニ、両寺之御奉公可相勤由、被仰置候間、弥其通ニ御奉公可仕事。

一東山・六角、何事も上下共ニ一味を致、大僧正様御座候時のことく可仕候。少も違乱心持候者ハ、可為曲事候。

一甚右衛門事。勝仙院の御奉公人ニハ、ふち切米過分候。今程のことくにてハ難成候間、侍従殿可有

分別事候。委細之儀者、兵部・式部可申事。

一無準かけ物・丸壷之茶入、無申迄候へ共、念を入御置可有之候。自然、火事・ぬす人等、用心専一ニ候事。

一御遺言之書付、判形被成候分、乗々院・侍従両人之外ハ、一円人ニもミセ被申ましく候。勿論、何かと取さたも在之間敷候事。

右之外、申残たる事も可在之候間、重而可申入候。此外之儀ハ於其元、可然様ニ御相談尤候。委細之儀ハ兵部・式部可申達候。以上

八月廿五日

荒川山城守

品川内膳正

今川刑部大輔

吉良若狭守

乗々院殿

勝仙院殿

（注） 慶安五年（承応元、一六五二）。筆跡から道晃親王自筆の写と見られる。紙背紙継目三ヶ所に、それぞれ黒印一顆が押されている。澄存は慶安五年（一六五二）八月廿三日に江戸で入寂した、享年七十三歳（京都大学附属図書館島田文庫本「当院代々記」）。その二日後の通達である。遺骸は京都へ移送し、東山若王子に葬ったのである。差出の「吉良若狭守」は江戸幕府高家吉良義冬、今川氏真の血縁で、義冬の父上野介義弥は澄存の甥にあたる。「今川刑部大輔」は今川直房、「品川内膳正」は品川高如、「荒川山城守」は荒川定安である。今川・品川氏も今川氏真の流れを汲む高家である。宛所の「乗々院」は晃海、吉良義弥の息。「勝仙院」は晃玄。本文中の「禁中様」は後光明天皇、「女院様」は東福門院、「公方様」は徳川家綱、「松平下総」は忠弘、「井伊掃部」は直孝、「高田様」は徳川秀忠の息女勝姫、「無準」は無準師範、「兵部」は勝仙

院候人の内藤兵部春也、「式部」は若王子候人前羽式部。「むより〳〵」は「最寄り、もより」のことか。「聖護院文書」一三四箱一一号。

一三七　御檀那配分之帳

（表紙）
「承応元壬辰年十一月五日

御檀那配分之帳

勝仙院」

六角勝仙院分

一禁中様　但、葛城御祈祷也。

一仙洞様　但、大峯・葛城共、京・東山両寺より御札進上也。

御櫛笥殿　但、万事御祈念也。宮々様共。

新中納言御局　右同断。

帥御局　右同断。

一女院御所様　但、大峯・葛城・星供共ニ、両寺より御祈念也。

一新院御所様　但、大峯御祈祷也。

一二条様　但、万事御祈念也。

一一条様　右同断。

一公方様　但、大峯大護摩之御祈念也。

一御袋様　　右同断。

一千世姫君様　　但、大峯・葛城、万御祈祷也。

一井伊掃部頭殿　　右同断。

一松平出羽守殿　　右同断。

一藤堂大学助殿　　右同断。

一上杉御徳様御一類　　右同断。

一酒井河内守殿　　右同断。

堺野外記殿　　右同断。

一松高院殿　　右同断。

一松泉院殿　　右同断。

一越前少将殿　　右同断。

一松平中務少輔殿　　右同断。

一松平陸奥守殿　　右同断。

一伊達遠江守殿　　右同断。

一毛利千代熊殿　　右同断。

一仙石殿　　右同断。

一松平主殿頭殿　　右同断。

一北条出羽守殿　　右同断。

一水野淡路守殿　　右同断。
一安藤主税殿御袋　右同断。
一北条久太郎殿　　右同断。
一森伊勢守殿　　　右同断。
一間宮殿　　　　　右同断。
一木下左近殿　　　右同断。
　若王子・勝仙院、両寺共ニ御出入之御檀那
一尾張様
一紀州様
一保科肥後守殿
一長松様
一徳松様
一内藤帯刀殿御一家
一九鬼孫次郎殿
右之御檀那、徳本院殿御跡ニ而、若王子・勝仙院、両寺之候人双方立相、以憲法沙汰等分押分、鬮取ニ而相定候上ハ、自今以後、不可有混乱候。為支証、各加判形訖。仍如件。
　承応元壬辰年十一月五日
　　　　　　　　　　若王子内

三上民部（花押）

前羽式部（花押）

勝仙院内

内藤兵部（花押）

紙数八枚

（注）一六五二年。澄存が兼帯していた若王子と勝仙院の檀那を、両院に分配したもの。特別な縁故のあるものは別として、大部分は等分したうえで鬮取りをしたのである。「禁中」は後光明天皇、「仙洞」は後水尾院、「女院」は東福門院和子、「新院」は明正院、「公方」は徳川家綱、「御袋」は宝樹院、「千世姫」は尾張徳川光友（光義）正室、「長松」は徳川綱重、「徳松」は徳川綱吉である。天理図書館保井文庫所蔵。

一三八　後光明天皇口宣案

（端裏銘）
「口宣案」

（上卿銘）
「上卿　四辻大納言」

承応二年十二月廿四日　宣旨

権律師晃玄

宜叙法眼。

蔵人頭右中弁藤原凞房奉

（注）一六五三年。晃玄は二十歳。晃玄は松平紀伊守家信の息である。「四辻大納言」は四辻公理。「藤原凞房」は清閑寺。包紙上書に「口宣八通　住心院晃玄」とある八通の内。住心院所蔵。

一三九　後西天皇口宣案

(端裏銘)「口宣案」
(上卿銘)「上卿　日野中納言」

明暦二年五月二日　宣旨

権律師晃玄

宜任少僧都。

蔵人権右少弁藤原昭房奉

(注)　一六五六年。晃玄は二十三歳。「日野中納言」は日野弘資。「藤原昭房」は桂。包紙上書に「口宣八通　住心院晃玄」とある八通の内。住心院所蔵。

一四〇　後西天皇口宣案

(端裏銘)「口宣案」
(上卿銘)「上卿　新中納言」

万治元年後十二月廿二日　宣旨

少僧都晃玄

宜転任大僧都。

蔵人右少弁藤原昭房奉

(注)　一六五八年。晃玄は二十五歳。「新中納言」は清閑寺熙房。「藤原昭房」は桂。包紙上書に「口宣八通　住心院晃玄」と

ある八通の内。住心院所蔵。

一四一　後西天皇宣旨

（包紙上書）「宣旨　住心院晃玄」

少僧都晃玄

右少弁藤原朝臣昭房伝宣、権中納言藤原朝臣熈房宣、奉勅件人、宜転任大僧都者。

万治元年後十二月廿二日　左大史兼主殿頭算博士小槻宿祢（花押）奉

（注）　一六五八年。前号を受けて発給された宣旨。住心院所蔵。

一四二　後西天皇口宣案

（端裏銘）「口宣案」

（上卿銘）「上卿　清閑寺中納言」

寛文元年十二月廿四日　宣旨

法眼晃玄

宜叙法印。

蔵人頭右中弁藤原昭房奉

（注）　一六六一年。晃玄は二十八歳。「清閑寺中納言」は清閑寺熈房。「藤原昭房」は桂。包紙上書に「口宣八通　住心院晃玄」とある八通の内。住心院所蔵。

一四三　霊元天皇口宣案

（端裏銘）「口宣案」

（上卿銘）「上卿　花山院中納言」

寛文五年三月五日　宣旨

大僧都晃玄

宜任権僧正。

蔵人頭左中弁藤原貞光奉

（注）一六六五年。晃玄は三十二歳。「花山院中納言」は花山院定誠。「藤原貞光」は広橋。包紙上書に「口宣八通　住心院晃玄」とある八通の内。住心院所蔵。

一四四　新熊野社別当職補任状

（包紙上書）「

（後筆）「寛文年中歟。

新熊野別当職補任状」

新熊野別当職御書付」

（熊野三山検校朱印）

所被補任新熊野別当也。可有御存知之由、聖護院宮御気色所候也。恐惶謹言

七月廿三日　源慶（花押）

村信（花押）

進上　住心院権僧正御房

（注）年欠ながら、新熊野社が再建された寛文六年（一六六六）か。差出の「源慶」は雑務、貞享二年（一六八五）十一月廿九日に六十八歳で没（京都大学文学研究科図書館所蔵「諸門跡坊官略系」）。「村信」は岩坊。宛所の「住心院権僧正」は晃玄。前号の通り、晃玄が権僧正に任じられたのは寛文五年（一六六五）である。なお、ここに「住心院」とあるのは注意される。「深仙灌頂系譜」晃玄の項に「住心院再興」とある。本文中の「聖護院宮」は道寛親王。後水尾天皇皇子で、明暦三年（一六五七）に得度。前住の道晃親王は万治元年（一六五八）、隠居して照高院に入った。新熊野社は寛文六年、東福門院和子が再建したが、そのとき勝仙院晃玄が再建奉行を務め、その功で江戸時代を通じ勝仙院（のち住心院）が新熊野社別当に任じられた。「聖護院文書」八四箱五九号。

一四五　霊元天皇口宣案

（端裏銘）「口宣案」
（上卿銘）「上卿　勧修寺中納言」

延宝元年十一月十九日　宣旨

権僧正晃玄

宜転任僧正。

蔵人□□（右中）弁藤原意光奉

（注）一六七三年。晃玄は四十歳。「勧修寺中納言」は勧修寺経慶。「藤原意光」は裏松。包紙上書に「口宣八通　住心院晃玄」とある八通の内。住心院所蔵。

一四六　霊元天皇口宣案

（端裏銘）「口宣案」

（上卿銘）「上卿　今出川大納言」

延宝六年三月廿四日　宣旨

晃存

宜任権律師。

蔵人権右少弁藤原俊方奉

（注）一六七八年。晃存は十二歳。晃存はのちの晃諄、鍋島加賀守直能の息。「今出川大納言」は今出川公規。「藤原俊方」は坊城。包紙上書に「口宣七通　権官一通不足　住心院晃諄」とある七通の内。住心院所蔵。

一四七　霊元天皇口宣案

（端裏銘）「口宣案」

（上卿銘）「上卿　葉室大納言」

延宝八年二月三日　宣旨

権律師晃存

宜叙法眼。

蔵人権右少弁藤原俊方奉

（注）一六八〇年。晃存は十四歳。「葉室大納言」は葉室頼孝。「藤原俊方」は坊城。包紙上書に「口宣七通　権官一通不足

住心院晃諄」とある七通の内。住心院所蔵。

一四八　霊元天皇口宣案
（端裏銘）

「口宣案」

（上卿銘）

「上卿　葉室大納言」

延宝九年八月十六日　宣旨
権律師晃存
宜任少僧都。

蔵人右少弁藤原俊方奉

（注）一六八一年。晃存は十五歳。前年、法眼に叙されているが（前号）、本文書には権律師とある。上卿などは前号と同じ。
包紙上書に「口宣七通　権官一通不足　住心院晃諄」とある七通の内。住心院所蔵。

一四九　霊元天皇口宣案
（端裏銘）
「口宣案」
（上卿銘）
「上卿　右大将」
天和元年十一月廿一日　宣旨
僧正晃玄
宜転任大僧正。

蔵人右少弁藤原俊方奉

（注）一六八一年。晃玄は四十八歳。「右大将」は今出川公規。「藤原俊方」は坊城。包紙上書に「口宣八通　住心院晃玄」とある八通の内。住心院所蔵。

一五〇　霊元天皇口宣案

（端裏銘）「口宣案」
（上卿銘）「上卿　万里小路中納言」
貞享二年五月廿二日　宣旨
少僧都晃存
宜転任大僧都。
蔵人頭右大弁藤原俊方奉

（注）一六八五年。晃存は十九歳。「万里小路中納言」は万里小路淳房。「藤原俊方」は坊城。包紙上書に「口宣七通　権官一通不足住心院晃諄」とある七通の内。住心院所蔵。

一五一　駿河・遠江国先達職補任状

（包紙上書）「
為後代、上包自筆書記置者也。晃玄（花押）
駿遠両国先達職御補任　貞享三寅年五月十五日、大僧正晃玄拝受之。
聖護院御門跡道祐十七歳、未御書判不被遊候得共、就懇望、今度始而被染御筆候。可為規模者也。」

駿遠両国但富士除之。修験、近年仕置就被申付、年々入峯、逐日繁昌、当道之忠勤也。然上者、彼国先達職不可有相違、弥可被加下知者也。謹言

五月十五日　（花押）

勝仙院大僧正御房

（注）一六八六年。花押は道祐親王のもの。道祐親王は後西天皇皇子、延宝八年（一六八〇）に入室得度。宛所の「勝仙院大僧正」は晃玄。住心院所蔵。

一五二　肥前国先達職補任状

（包紙上書）
「為後代、上包自筆書記置者也。晃玄（花押）

肥前国先達職御補任　貞享三寅年五月十五日、大僧正晃玄拝受之。

聖護院御門跡道祐十七歳、未御書判不被遊候得共、就懇望、今度始而被染御筆候。可為規模也。」

肥前国先達職之事。闕ニ付依被懇望、則補任彼職。然上者、修験中繁栄候様ニ、向後下知、不可有相違者也。謹言

五月十五日　（花押）

勝仙院大僧正御房

（注）一六八六年。花押は道祐親王のもの。宛所の「勝仙院大僧正」は晃玄。住心院所蔵。

一五三　霊元天皇口宣案

（端裏銘）「口宣案」
（上卿銘）「上卿　万里小路大納言」
貞享四年二月十三日　宣旨
　法眼晃諄
　　宜叙法印。
　　　　　　　　　　　　蔵人頭右大弁藤原俊方奉

（注）一六八七年。晃諄（晃存）は二十一歳。「万里小路大納言」は万里小路淳房。「藤原俊方」は坊城。包紙上書に「口宣七通　権官一通不足　住心院晃諄」とある七通の内。住心院所蔵。

一五四　中務光有・岩坊祐勝連署書状

（包紙上書①）「佐和山城下三郡霞証文」
（包紙上書②）「勝仙院大僧正様　中務法印
　　　　　　岩坊法眼」

内々御願被成候江州井伊掃部頭殿城下、犬上郡・坂田郡・愛知郡、三郡霞之事。於爰許茂中上候処、不可有子細之由、仰ニ候。御奉書之儀者、於京都可被遣之由ニ御座候。為其如此候。恐惶謹言
　午
九月廿五日　　　　　　　　　　　　岩坊法眼
　　　　　　　　　　　　　　　　　祐勝（花押）

中務法印
光有（花押）

勝仙院大僧正様

（注）元禄三年（一六九〇）。宛所の「勝仙院大僧正」は晃玄。年の記載はないが、晃玄が大僧正に任じた天和元年（一六八一）から、寂した元禄七年（一六九四）までの間に、午年は元禄三年しかない。するとその時の聖護院門主は道祐親王である。本文中の「井伊掃部頭」は井伊直興。「於京都可被遣之由」とあるが、道祐親王はこの三日前、園城寺唐院で伝法灌頂を受けていて、大津に滞在していたものであろう。住心院所蔵。

一五五　東山天皇宣旨

（包紙上書）
「宣旨　　住心院晃諄」

大僧都晃諄

右中弁藤原朝臣俊清伝宣、権大納言藤原朝臣資熈宣、奉勅件人、宜任権僧正者。

元禄六年五月六日　　修理東大寺大仏長官主殿頭兼左大史小槻宿祢季連奉

（注）一六九三年。晃諄は二十七歳。住心院所蔵。

一五六　丹波国先達職免許状

丹波国先達職之事。任懇望、令免許畢。下知不可有子細。然上者、為天下安全、入峯修行懈怠有之間敷者也。

元禄七年四月十一日　（花押）

勝仙院権僧正御房

（注）一六九四年。花押は道尊親王のもの。宛所の「勝仙院権僧正」は晃諄。住心院所蔵。

一五七　東山天皇口宣案

（端裏銘）「口宣案」

（上卿銘）「上卿　葉室中納言」

元禄十三年十二月九日　宣旨

権僧正晃諄

宜転任僧正。

蔵人左少弁藤原尚房奉

（注）一七〇〇年。晃諄は三十四歳。「葉室中納言」は葉室頼重。「藤原尚房」は万里小路。包紙上書に「口宣七通　権官一通不足

住心院晃諄」とある七通の内。住心院所蔵。

一五八　東山天皇口宣案

（端裏銘）「口宣案」

（上卿銘）「上卿　権中納言」

宝永二年二月廿五日　宣旨

僧正晃諄

宣転任大僧正。

蔵人右中弁藤原尚長奉

（注）一七〇五年。晃諄は三十九歳。「藤原尚長」は甘露寺。包紙上書に「口宣七通　権官一通不足　住心院晃諄」とある七通の内。住心院所蔵。

一五九　紫房結袈裟免許状

（包紙①）「紫房結袈裟之令旨　前大僧正晃諄」

（包紙②）「住心院前大僧正御房」

紫房結袈裟之事。向来依奉仕之労積累之勤、令免許者也。

正徳参稔七月五日　（花押）

住心院前大僧正御房

（注）一七一三年。花押は道承親王のもの。宛所の「住心院前大僧正」は晃諄。宝永七年（一七一〇）四月二十九日、勝仙院から住心院に改めた（一八〇号「三暦」）。一般に院家の結袈裟の房色は朽葉色で、紫色は熊野三山奉行の若王子のみであった。この二十日後、道承親王は入峯に発輿したが、晃諄はその大宿だったのである。住心院所蔵。

一六〇　中御門天皇口宣案

（端裏銘）「口宣案」

（上卿銘）「上卿　源大納言」

享保二年四月三日　宣旨

晃珍

宣叙法眼。

蔵人権右中弁兼左衛門権佐藤原敬孝奉

（注）一七一七年。晃珍は丹波多紀の松平紀伊守信庸の息。本文書の前月、三月六日に九歳にして得度したばかりで、いわゆる直叙法眼である。「藤原敬孝」は勧修寺。包紙上書に「口宣五通　住心院晃珍」とある五通の内。住心院所蔵。

一六一　中御門天皇口宣案

（端裏銘）「口宣案」

（上卿銘）「上卿　坊城大納言」

享保二年十二月廿五日　宣旨

法眼晃珍

宜任少僧都。

蔵人権右中弁藤原敬孝奉

（注）一七一七年。前号と同年で、晃珍は九歳。「坊城大納言」は坊城俊清。「藤原敬孝」は勧修寺。包紙上書に「口宣五通住心院晃珍」とある五通の内。住心院所蔵。

一六二　中御門天皇口宣案

（端裏銘）「口宣案」

「上卿（上卿銘）　源大納言」

享保九年八月卅日　宣旨

少僧都晃珍

宜転任大僧都。

蔵人頭右大弁藤原俊将奉

（注）一七二四年。晃珍は十六歳。「源大納言」は久我惟通。「藤原俊将」は坊城。包紙上書に「口宣五通　住心院晃珍」とある五通の内。住心院所蔵。

一六三　中御門天皇口宣案

「口宣案（端裏銘）」

「上卿（上卿銘）　勧修寺中納言」

享保十一年十二月廿四日　宣旨

法眼晃珍

宜叙法印。

蔵人頭右大弁藤原俊将奉

（注）一七二六年。晃珍は十八歳。「勧修寺中納言」は勧修寺高顕。「藤原俊将」は坊城。包紙上書に「口宣五通　住心院晃珍」とある五通の内。住心院所蔵。

一六四　中御門天皇口宣案

（端裏銘）「口宣案」
（上卿銘）「上卿　藤中納言」

享保十八年六月七日　宣旨

大僧都晃珍

宜任権僧正。

蔵人頭左近衛権中将兼春宮亮藤原実全奉

（注）一七三三年。晃珍は二十五歳で権僧正、いわゆる極官に到達した。「藤原実全」は滋野井。包紙上書に「口宣五通　住心院晃珍」とある五通の内。住心院所蔵。

一六五　中御門天皇宣旨

（包紙上書）「宣旨　住心院晃珍」

大僧都晃珍

右中弁藤原朝臣光綱伝宣、権中納言藤原朝臣永房宣、奉勅件人、宜任権僧正者。

享保十八年六月七日　修理東大寺大仏長官主殿頭兼左大史小槻宿祢盈春奉

（注）一七三三年。前号を受けて発給された宣旨。住心院所蔵。

一六六　後桜町天皇口宣案

（端裏銘）
「口宣案」
（上卿銘）
「上卿　櫛笥中納言」

明和六年十月十五日　宣旨

賞珉

宜叙法眼。

蔵人頭左大弁藤原紀光奉

（注）一七六九年。賞珉は十一歳。賞珉は近江錦織寺良慈の息。錦織寺は真宗木辺派の本山である。本文書の前月、九月二日に住心院へ入寺、得度した。「櫛笥中納言」は櫛笥隆望。「藤原紀光」は柳原。包紙上書に「口宣六通　内一通権官不見　住心院賞珉」とある五通の内。住心院所蔵。

一六七　後桜町天皇口宣案

（端裏銘）
「口宣案」
（上卿銘）
「上卿　櫛笥中納言」

明和七年正月廿九日　宣旨

法眼賞珉

宜任少僧都。

蔵人頭左大弁藤原紀光奉

（注）一七七〇年。賞珉は十二歳。上卿などは前号と同じ。包紙上書に「口宣六通　内一通権官不見　住心院賞珉」とある五通の内。住心院所蔵。

一六八　後桃園天皇口宣案

（端裏銘）「口宣案」
（上卿銘）「上卿　日野新中納言」
安永元年十二月十五日　宣旨
法眼賞珉
宜叙法印。
蔵人頭左中弁藤原資矩奉

（注）一七七二年。賞珉は十四歳。「日野新中納言」は資枝。「藤原資矩」は日野。包紙上書に「口宣六通　内一通権官不見　住心院賞珉」とある五通の内。住心院所蔵。

一六九　後桃園天皇口宣案

（端裏銘）「口宣案」
（上卿銘）「上卿　日野新中納言」
安永元年十二月十五日　宣旨
少僧都賞珉

宜転任大僧都。

蔵人頭左中弁藤原資矩奉

（注）一七七二年。前号と同日、上卿なども同じ。包紙上書に「口宣六通　内一通権官不見　住心院賞珉」とある五通の内。住心院所蔵。

一七〇　権僧正勅許請文写

（包紙上書）「権僧正口宣紛乱之間、此消息為証文、此内ニ入置。賞珉」

（包紙元上書）「大僧都賞珉」

追啓　雖為戒﨟、早速今度寛宮得度戒師之間、被許候。不可為後例之旨、被仰下畏奉候也。

権僧正

勅許之旨、畏奉畢。宜預御沙汰候也。恐惶謹言

二月七日　　賞珉

（奥上書）

（封墨引）　　賞珉

（注）天明二年（一七八二）。関連文書があり天明二年と判明する。賞珉は二十四歳。晃珍が二十五歳で権僧正に任じられたのが寺例であったが（一六四号）、賞珉は同年、寛宮（盈仁親王）が入室得度する戒師となるため、とくに権僧正が許された。住心院所蔵。

一七一　光格天皇口宣案

（端裏銘）
「口宣案」
（上卿銘）
「上卿　中山大納言」

寛政十年二月三十日　宣旨

権僧正賞珉

宜転任僧正。

蔵人左少弁兼右衛門権佐中宮大進藤原資董奉

（注）一七九八年。賞珉は四十歳。「中山大納言」は中山忠尹。「藤原資董」は烏丸。包紙上書に「口宣六通　内一通権官不見住心院賞珉」とある五通の内。住心院所蔵。

一七二　光格天皇口宣案

（端裏銘）
「口宣案」
（上卿銘）
「上卿　甘露寺中納言」

文化十一年正月廿七日　宣旨

盈存

宜叙法眼。

蔵人頭左大弁兼中宮亮藤原建房奉

（注）一八一四年。盈存は十三歳。盈存は庭田一位重能の息。文化十年（一八一三）、十二歳で入寺。「甘露寺中納言」は甘露

寺国長。「藤原建房」は万里小路。包紙上書に「口宣四通　住心院盈存」とある四通の内。住心院所蔵。

一七三　光格天皇口宣案

（端裏銘）
「口宣案」

（上卿銘）
「上卿　源中納言」

文化十一年五月廿五日　宣旨

法眼盈存

宜令任少僧都。

蔵人頭右近衛権中将藤原定成奉

（注）一八一四年。盈存は十三歳。「源中納言」は花山院家厚。「藤原定成」は広橋。包紙上書に「口宣四通　住心院盈存」とある四通の内。住心院所蔵。

一七四　光格天皇口宣案

（端裏銘）
「口宣案」

（上卿銘）
「上卿　春宮権大夫」

文化十二年八月十一日　宣旨

少僧都法眼盈存

宜叙法印転任大僧都。

（注）一八一五年。盈存は十四歳。「春宮権大夫」は花山院家厚。「藤原光成」は広橋。包紙上書に「口宣四通　住心院盈存」とある四通の内。住心院所蔵。

蔵人左少弁兼左衛門権佐中宮大進藤原光成奉

一七五　仁孝天皇口宣案

（包紙上書）「権僧正　盈存」
（端裏銘）「口宣案」
（上卿銘）「上卿　源大納言」
天保二年十二月十日　宣旨
大僧都盈存
宜任権僧正。
蔵人頭左近衛権中将兼美作権守源重基奉

（注）一八三一年。盈存は三十一歳。「源重基」は庭田。包紙上書に「口宣四通　住心院盈存」とある四通の内。住心院所蔵。

一七六　孝明天皇綸旨

（端裏上書）「謹上　住心院大僧都御房　権右中弁長順」

夷類頻来、乞求通商。其情狡点、固不可量。因茲辺海防禦、雖尽警戒、宸襟所不綏。庶幾以神明冥助、不汚神州、不損人民、国体安穏、天下泰平、宝祚悠久、武運延長之御祈、一社一同、可抽丹誠、可令下知于紀伊国熊野社給之由、天気所候也。以此旨、可令洩申三山検校宮給。仍執啓如件。

十一月廿三日　　権右中弁長順

謹上　住心院大僧都御房

（注）　嘉永六年（一八五三）。「住心院大僧都」は雄真。「三山検校宮」は雄仁親王。幕末には夷狄退攘のため、朝廷から大峯や葛城嶺での祈祷を依頼された。ここでは院家住心院から聖護院宮へ上申し、熊野三山へ下知している。この日、孝明天皇は熊野以外にも、熱田・香取・鹿島・諏訪・杵築・筥崎・宗像・香椎・宇佐の九社に攘夷を祈願する綸旨を下している。村田正志「孝明天皇の攘夷御祈願文書」（『村田正志著作集』第六、思文閣出版、昭和六十年）参照。本文書の写と関連文書が「米良文書」にある（『熊野那智大社文書』第四、一二二九～一二三九号）。「長順」は葉室。住心院所蔵。

一七七　明治天皇口宣案

（端裏銘）「口宣案」

（上卿銘）「上卿　新大納言」

慶応三年三月廿三日　宣旨

春知

宜叙法橋。

蔵人頭右大弁藤原豊房奉

（注）　一八六七年。「藤原豊房」は清閑寺。住心院所蔵。

一七八　明治天皇口宣案

（端裏銘）
「口宣案」
（上卿銘）
「上卿　新大納言」

慶応三年三月廿三日　宣旨

玄康

宜叙法橋。

蔵人頭右大弁藤原豊房奉

（注）一八六七年。「藤原豊房」は清閑寺。住心院所蔵。

一七九　平等院由緒書

（表紙）
「平等院」

平等院由緒書

円満院御門跡御兼帯所山城国宇治平等院者、当昔河原左大臣融公別業之地也。陽成天皇此所におわしまし、宇治院と申也。宇多天皇・朱雀院領し給ふ。其後、六条左大臣雅信公所領、長徳四年の頃より御堂関白此院所知、其御息宇治関白、此平等院にて法華三昧修せられ、治暦三年行幸ありき。昔は鳳凰堂・法華堂、五重并三重之塔、五大堂・不動堂・経蔵・護摩堂・円堂・池殿有り。今ハ五間四面の鳳凰堂・鐘楼・西北之門形、并観音堂有之。円満院御門跡元祖、村上天皇第三皇子、悟円入道親王之御弟子、大僧正覚円ハ宇治関白頼通公之御息也。頼通公、平等院を建立し給ひ、則御息大僧正覚円に付属し給ふ。夫より後、円満院御門跡相続く。廿六代御住職之所、九条前関白政基公之御息、大僧正養慶遷化之後、将軍義昭公之御孫、大僧正常尊御入室迄、六拾年来中絶之中、真言宗・浄土宗、平等院に入来。両宗として鳳凰堂を守り来り候処、承応二年、右真言宗之寺并境内等、天台宗に復し、其後、寛文二年之頃より円満院御門跡御支配。今に至りて御兼帯之御事。尤古今之絵図、并旧記紀禄等有之候。

一右之通、浄土宗ハ円御門主中絶之内より入来。宇治中旦那寺ニ而、繁昌仕候。然所、真言宗重清と浄土宗檀誉と、互に平等院と名乗可申と院号及双論、於江戸御裁許御座候所、両宗ともに平等院と名乗申間鋪候。平等院之内真言宗誰某、浄土宗誰某と名乗可申候。且堂等修理小破之節、両宗申合可仕候。森林伐候ハ、上林峯順江相尋、伐可申旨、御奉行安藤右京進殿・松平出雲守殿御裁許状本紙、則上林峯順老ニ有之候。尤右御裁許状之写、御門跡に有之候。

一寛永十八年（衍）辛巳年、真言宗重清、平等院伽藍大破に及申候故、諸方奉加仕修理之義、御公儀江御願申、則願之通被仰付、修復成就仕候。其節ハ浄土宗、伽藍少も構わせ不申候。

一慶安三年之頃、真言宗重清相果、弟子宰相早世故、無住ニ而御座候所、天台宗最勝院と申僧、真言宗居申候寺に居住。最勝院死後に至り、三井寺宝善院預り、其後、六角勝仙院江渡り申候。然所、円御門主常尊、勝仙院江先規之由緒被仰入候故、寛文二壬亥（ママ）年、円御門主江被差上、再復、当門唯今に到りて、御支配之御事ニ御座候。

（以下略）

（注）　年不詳。「聖護院文書」一六五箱六五号。

一八〇　三暦

（表紙）
「三暦　全」

（〇前ニ聖護院・若王子ノ部分アリ。省略）

覚愉

住心房

建保五年七月七日入壇。如意寺。大阿如意寺法印慶範。

長乗

難波出雲守藤長貞子。

宰相。一印房別当。大僧正。住心院。

文永五年二月廿二日、入壇。千光眼寺。大阿聖迹房法印寛乗。

授廿五人、五十五始行。大納言実尋・常住院道昭・内大臣行讃・西方院玄祥・任弁・加賀承猷・讃岐泉恵・△治部卿弁季・大納言道増・大進弁円・民部卿光弁・亮時弁・按察使聖弁・宮内卿行顕・太輔弁恒・刑部智円・信濃行有・刑部卿広乗・三位俊弁・宰相長祐・但馬善胤・弁能範・卿上禅・土佐慶智　△大納言道猷

文保三年四月十七日、為園城寺三昧耶戒和尚之間、依山門訴訟被流畢。元亨元年三月、有勅免。元亨三年十一月五日、入滅。八十歳。

道猷

大納言。権僧正。住心院。

延慶三年十一月十一日、入壇。唐院。大阿長乗。授一人、六十一始行。二位尊顕。

延文三年十二月十五日、入滅。八十歳。

豪猷

大弐。僧正。住心院。

永和元年五月八日、年四十二入壇。如意寺。大阿法輪院准后良愉。任承助阿奉・隆順・房深初—・乗怡唱—・房雄・弁誉・止木長吏僧正入道—・任原房雄初小・弁誉同。

応永六年九月十五日、相国寺塔供養散華師。于時六十六才。

深基

中納言。権僧正。住心院。

至徳元年十月三日年廿八戒十三入壇。如意寺。大阿法輪院准后。

実意

大納言。大僧正。住心院。

応永廿年十一月九日年廿八十戒六三入壇。如意寺。大阿千光院准后道意。

永享八年十二月十一日、室町殿五壇法大威徳壇勤仕。同九年五月十六日・同十二年五月廿五日・同年六月十三日・同年十二月十二日

公意

法性寺二位親継子。公雅猶子。

大納言。権僧正。明王院。住心院。

応永三十三年三月十七日年廿一戒九入壇。如意寺。大阿准后満意。

授二人。五十一始行。権律師豪為 権律師祐賀

実瑜　実昭

法印権大僧都実瑜

延徳二年四月廿六日至卅日御八講二師（ママ）。

明応五年二月・八月、護持僧。

私云。自　年、至寛永八年百余年間住心院中絶。澄存再興。――八年七月十八日雖然、勝仙院号猶有。宝永七年四月廿九日、改号住心院。尤古来称住心院。近来武家頻称勝仙院。因茲改号。

（注）年不詳。江戸時代後期。聖護院・若王子・住心院、三ヶ寺の歴代について記す。天理図書館保井文庫所蔵。

一八一　住心院古代中興歴数并勝仙院歴代

（表紙）「住心院古代中興歴数

勝仙院歴代　」

住心院古歴代　室在東山辺

大僧正長乗　号一印坊。難波出雲守藤原長貞男。

文保三年、為園城寺三昧耶戒和尚之間、依山門訴訟、被遠流。元亨元年、後醍醐天皇在勅免。

権僧正道猷

僧正豪猷　三条家息

権僧正深基

大僧正実意

大僧正公意　法性寺二位親継卿男

法印実昭

同　実瑜　以後中絶。（朱書）「百余歳」

（朱書）「慶長以後」

住心院中興歴代　六角堂住

大僧正澄存　今川三位氏実卿男
勝仙院増堅第子。若王子転住後、両寺兼帯三十余年。

大僧正晃玄　澄存第子　松平紀伊守家信朝臣男

大僧正晃仁　晃玄資　初晃諄（朱書）「兼若王子」
鍋島加賀守直能朝臣男

権僧正晃珍　晃仁資（朱書）「兼若王子廿余歳」
松平紀伊守信庸朝臣男

僧正賞珉　晃珍資（朱書）「兼若王子」
錦織寺良慈上人男

権僧正盈存　晃――
庭田一位重能卿男

勝仙院　（朱書）「亦号勝林坊」

勝蔵坊」

厳尊　公号上野　弁僧都

応永年中、六角堂浄尊法印資。自坊并不動院・愛染院譲受。其以来住居相続。就中、住心院豪猷僧正之所領、諸国壇那霞買得。法輪院准后御令旨、乗々院・住心院譲状等迄譲請。買得証文等有之。

深秀　嘉吉二年九月十六日、叙法印。

快秀　初宗秀　後改

快厳

快俊

諄秀　永正十七年、権律師。

同年十月廿三日、於解脱寺灌頂。

（朱書）
「出世」

増堅　永禄六年、道増御門主・道澄御門主、西海御進発供奉。

永禄八年、被召加出世。三十歳。

慶長三年七月、任権僧正。六十三歳。

同五年、隠居。移住因幡堂、建立草庵。号桂芳院。

同十九年、入峯。初勤大宿。三十四峯。七十九歳。

元和二年十一月寂。八十一歳。葬四条大龍寺。

（注）年不詳。盈存まで記載があり江戸時代後期の成立。「聖護院文書」一四八箱九三号。

一八二　住心院伝記

（表紙外題）「住心院伝記」
（内題）「住心院伝記」

覚愉

脈譜云。住心房。建保五年七月七日、受法。大阿、如意寺法印慶範。壇所、如意寺。

長乗

脈譜云。難波出雲守藤長貞子。宰相。一印房。別当大僧正。住心院。文永五年二月廿二日、受法。
大阿、聖迹房法印寛乗。壇所、千光眼寺。此時、年二十五。
永仁六年四月十四日、伝実尋大納言。壇所、静法院。
正安元年十二月十八日、伝道昭常住院大僧正。壇所、上乗院。
同二年十二月十三日、伝行讃内大臣。壇所、唐院。
同年同月十五日、伝玄祥西方院。壇所、同上。
嘉元三年三月廿五日、伝任弁。壇所、同。
延慶三年十一月八日、伝承猶加賀。壇所、同。
同年同月九日、伝泉恵讃岐。壇所、同。
同年同月十一日、伝道猷大納言。壇所、同。
正和三年二月八日、伝弁季治部卿。壇所、同。

同年同月九日、伝道増大納言。壇所、同。
同年十一月廿一日、伝弁円大進。壇所、同。
同四年十一月十五日、伝光弁民部卿。壇所、同。
同五年十二月三日、伝時弁亮。壇所、同。
同年同月四日、伝聖弁按察使。壇所、同。
同年同月五日、伝行顕宮内卿。壇所、同。
同年同月七日、伝弁恒太輔。壇所、同。
文保二年十一月廿四日、伝智円刑部。壇所、同。
同三年三月廿二日、伝行有信濃。壇所、同。
同年四月十七日、為園城寺三昧耶戒和尚之間、依山門訴訟、被遠流畢。元亨元年三月、有赦免。
元亨元年四月十日、伝広乗刑部卿。新道場円明寺。
同年同月十八日、伝俊弁三位。同所。
同年同月廿一日、伝長祐宰相。同所。
同年同月廿七日、伝善胤但馬。同所。
同年同月三十日、伝能範弁。同所。
同二年正月七日、伝上禅卿。同所。
同年十一月廿八日、伝慶智土佐。同所。
同三年十一月五日、入滅。年八十。

道猷

系図云。住心院。

脈譜云。大納言権僧正。延慶三年十一月十一日、受法。大阿、長乗。壇所、唐院。此時、年卅一、戒十一。

暦応三年十二月廿四日、伝尊顕二位。壇所、円明寺。

延文三年十二月十五日、入滅。八十歳八十一歟。

豪猷

相国寺塔供養供和字記

其後、散花師十人、舞台にのほりて、北向にならひたつ。醍醐寺水本僧正隆源、醍醐寺松橋僧正通賢、仁勝宝院僧正実意、仁ナラノカ上乗院僧正道尋、（朱書）「山岡崎」（朱書）「寺」龍花院僧正定助、（朱書）「寺」南如院僧正房淳、（朱書）「寺」住心院僧正豪猷、小野（朱書）「寺」随心院僧正範伴、醍醐金剛王院僧正頼俊、山毘沙門堂僧正実円

初葉右云、長月十日あまりの比。同葉左云、さても相国寺の御塔供養、此月十五日一定とて。十六葉右云、さても去年、宝篋院殿三十三年にあたらせ給ふ程に、此御供養も其御為に、かねてよりの御心あてかひとそきこし――。私云、義詮将軍、貞治六年十二月七日薨、年三十八、号宝篋院、従貞治六年、至応永六年、三十三年。此記、応永七年。但二十葉左云、成恩寺関白、応永六四十九。当考。

脈譜云。大弐。僧正。永和元年五月八日、受法。大阿、如意寺准后良瑜号法輪院。壇所、如意寺。

此時、四十二歳。

深基

大峯灌頂作法後云。右略記者、乗々院実弁僧正御記也。住心院深基伝之。

脈譜云。中納言。権僧正。至徳元年十月三日、受法。大阿、准三后良瑜。壇所、如意寺。此時、年廿八、戒十三。

法輪院准后御教書云。

(〇この箇所に二号、嘉慶二年二月廿一日付「法輪院良瑜御教書」を記す)

(〇この箇所に六号、応永五年三月廿日付「千光院道意御教書」を記す)

実意

脈譜云。大納言。大僧正。住心院。応永廿年十一月九日、受法。大阿、千光院准三后道意。壇所、如意寺。茲時、年廿八。戒六。

五壇法醍醐寺理性院記云。永亨(享)八年十二月十一日、室町殿五壇法。中壇、聖護院准后満意。降三世、理性院前大僧正宗観。軍荼利、若王子僧正忠意。大威徳、住心院僧正実意。金剛夜叉、理覚院僧正中順。

永亨九年五月十六日、太神宮怪異為祈謝、為大名申沙汰、五壇法被始行。中壇、聖護院准后。降―理性院。軍―若王子。大―住心院。金―寺岡崎上乗院法印清意。

永亨十二年五月廿五日、五壇法開白。中壇、聖護院准后。降―理性院前大僧正。軍―若王子僧正。

大―住心院僧正。金―理覚院権僧正。

永享十二年六月十三日、於室町殿、恒例五壇法被行之。中壇聖護院准后。降―理性院前大僧正。軍―若王子僧正。大―「僧」(抹消)「住心」(朱書)院僧正。金―毘沙門堂。

永享十二年十二月十二日、五壇法開白。中壇、聖護院准后。脇壇、理性院僧正。軍―若王子僧正。大―住心院僧正。金―上乗院大僧都。

(〇この箇所に七号、応永廿九年十月十九日付「千光院道意御教書」を記す)

(〇この箇所に一〇号、応永卅一年六月七日付「千光院道意御教書写」を記す)

公意 未詳

系図云。住心院大僧正。

脈譜云。法性寺二位親継子。公雅卿猶子。大納言。権僧正。明王院。応永卅三年三月十七日、受法。大阿、准三宮満意。壇所、如意寺。此時、年廿一、戒九。

康正二年二月五日、伝豪為権律師。

同年同月六日、伝祐賀権律師。

庫蔵消息云。

(〇この箇所に一六号、寛正六年四月十四日付「熊野参詣先達職安堵状」を記す)

今考、弁僧都厳尊写。此消息云、住心院殿御判。則従寛正六年、至延徳二年間、二十六个年也。蓋実瑜。

又道興准后御消息云。
（〇この箇所に二四号、文正元年六月廿二日付「聖護院道興書状」を記す）
実瑜
宣秀卿御教書案云。
択申、可被行御八講日時。
今月廿六日戊申、時巳。
延徳二年四月廿三日　　　陰陽頭安倍朝臣有宗
証義者
前大僧正兼円　大僧正任円
講師
僧正公恵　法印権大僧都実瑜
大僧都光什　権大僧都運伊
大法師興憲　賢心
延芸　源栄
証勢　尊宗
延徳二年四月廿三日
御八講（日脱カ）時勘文并僧名定文如此。任例、可令下知之状如件。

四月廿四日　　　　　　　　少弁判

四位史殿

追申、上卿左大臣候也。

姉小路中納言基綱卿記仮名御八講云。

上略ことし延徳二年卯月しもの八日ハ、国母仙院の三回の聖忌にて、廿六日より五个日の御八講をおこなはる。中略去廿三日にハ日時ならひに僧名定ありて、中略当日巳刻はかりに、参仕の僧俗、悉まいりあつまる。中略程なく夕座はしまるへきにて、中略講師実瑜僧都住心院なり。運伊南松院、問者の座につきて、声をひきて、とひていはく。弥陀ハ釈迦の分身といふへしやと。又法華に超登十地を明すやと。この両条、又漏箭をつくす。此講師は唯密宗の師迹にて、顕宗ハ非重代なりなと、あさむく衆も侍る。なれと学道器量にて、自身の執心も甚重なるにや。問者もさま〳〵に重をつくし、条をあけて、疑難ありしかと、陳答もいとゝこほりなかりけるにや。自第二日、至第四日略之。第五日卅日。上略かくて南松院僧都、講師にて、住心院僧都、問者なり。雑蔵経中、己広分別といへり。しからハいつれの経をさすそや。又一生補処の菩薩、都卒に生して四千載を経と見へたり。しからハ大論の意に約して、いかゝ釈するそやと。一問一答にて鐘を仰す。

護持僧記

護持僧近年六人之外、四人、今度被加了。若王子・住心院・尊勝院・当門跡也。朱書云、応永廿六年記。

御持僧御結番事。

正月　当門跡権僧正
二月（明応三　返答　法印云云。）　住心院法印
潤月（明応二閏四　返答　法印云云。）　尊勝院法印
三月（明応三　返答　大僧都云云。）　岡崎殿大僧都
四月　聖護院殿准后
五月　大覚寺殿准后
六月　地蔵院殿僧正
七月　当門跡
八月　住心院
九月　尊勝院
十月　岡崎殿
十一月　聖護院殿
十二月　大覚寺殿

右当年中、御勤仕次第、如件。

明応五年正月日

庫中所蔵口宣案云。

（○この箇所に三四号、文明五年四月廿八日付「後土御門天皇口宣案写」を記す）

今案実瑜、本名実昭歟。従文明五年、至延徳二年間、十八个年也。

脈譜云。入道中納言公康卿猶「○」「子カ」（朱書）、大納言実瑜。永仁七年四月十一日、受法。大阿、華台院大僧正実円。

今案、従永仁七年、至延徳二年間、百九十二年也。此必別人。此外実瑜不考出。未入壇人歟。

道興准后御消息云。

（○この箇所に二〇号、文正元年四月十五日付「聖護院道興書状」を記す）

住心院消息云。上見。

奥州仙道安達郡輩云云。寛正六四月十四日

准后道興御消息云。上見。

奥州大将大崎一家云云。文正元六月廿二日

（○この箇所に二一号、文正元年四月十五日付「聖護院道興書状添状」を記す）

（○この箇所に二三号、文正元年四月十九日付「天王寺道者知行安堵状写」を記す）

（○この箇所に八号、応永卅年四月廿六日付「若王子忠意御教書写」を記す）

（○この箇所に二八号、文明元年七月廿三日付「弁僧都厳尊譲状写」を記す）

（○この箇所に二六号、文明元年七月廿三日付「弁僧都厳尊譲状写」を記す）

（○この箇所に二七号、文明元年七月廿三日付「弁僧都厳尊譲状写」を記す）

（○この箇所に二九号、文明元年七月廿三日付「弁僧都厳尊譲状写」を記す）
（○この箇所に三〇号、文明元年七月廿三日付「弁僧都厳尊譲状」を記す）
（○この箇所に三一号、文明元年七月廿三日付「弁僧都厳尊譲状写」を記す）
（○この箇所に三二号、文明四年五月十八日付「檀那知行安堵状」を記す）
（○この箇所に三九号、年不詳二月廿八日付「検校准后御教書写」を記す）

准后道澄御消息云。

（○この箇所に一三号、年不詳四月七日付「某書状写」を記す）

准后道澄御消息云。

（○この箇所に四〇号、年不詳十二月十三日付「熊野参詣先達職知行安堵状」を記す）

（注）年不詳。十八紙の袋綴冊子。表紙の下貼りに文政十一年（一八二八）の若王子奉書の反古を使用しており、江戸時代後期の成立と見られる。京都市東山区今熊野新熊野神社所蔵。

一八三　六角興緒故実

（表紙）「　　　　　　　春道

六角興緒故実

依為此書猥雑、別編興鑑増偏、
備一部全集合、為後者之規矩矣。」

上野坊　弁僧都厳尊之公号。

六角堂中之僧坊、浄尊法印之第子。熊野三山抖藪之行人。大先達勝千房之祖。

（○この箇所に二五号、文正元年七月廿一日付「聖護院道興御書添状写」を記す）

勝蔵坊　法眼快秀之号。

勝林坊　同第資快厳之号。

（○この箇所に四〇号、年不詳十二月十三日付「熊野参詣先達職知行安堵状」を記す）

勝千坊　金剛院阿闍梨諄秀法印之号。

（○この箇所に四三号、年不詳十月廿一日付「聖護院道増書状」を記す）

什物両界曼荼羅裏書如左。

金胎両幅裏書、各同書。但シ遍照ノ文字、無障与有之違アリ。

後花園院即位四年、到及弘化三年、四百十五年也。

（○原本ハ次ノ裏書部分ガ乱丁トナッテイルガ、本来ノ位置ニ訂正シ、ココニ収メタ）

永享第四之暦歳次壬子中冬之比、模於洛陽西山、法菩提蔵法縁累代之正、、、、、

為越州大野郡白山平泉寺賢聖院住持。

本尊奉図絵之畢。

絵師加賀守光賢入道本寿

願主　遍照　（梵字）　栄憲

穴太嫡嗣、小河末流、三部都法大阿闍梨位、法印権大僧都豪喜記之。

同朔四日己未、奉開眼供養畢。

宝蔵院　丹波国亀山。

○明暦元年八月、仙宝院玄昌。元禄六年八月、仙宝院玄茂、後改宝蔵院。

桂芳院　因幡堂寺中　勝仙院増堅師隠退去之地

○桂芳院増堅権僧正者、大僧正澄存之師也。隠居而入因幡堂、建一院、号為桂芳。後又、移住大龍寺。於彼寺遷寂八十一歳。於于今、桂芳院有位牌。左右菊桐之在紋不詳。晃珍記焉。

○寛文中、新熊野再営之後、於此地、建桂芳院、祠堂以、晃玄為隠栖之地。乃今之供所也。諸書ニ新熊野桂芳院云云。

不動院　六角堂中　勝千房厳尊、資上野公譲与之地

今天保二至テ三百七十余歳、後土御門院御宇

○文明元年七月廿三日譲状、浄尊法印ヨリ厳尊江譲受之処、弟子上野公宗秀ニ与譲之旨。不動堂・愛染堂代官職、家具悉相添。コノ浄尊ハ、六角堂ノ僧ナルヘシ。晃珍御記曰。六角堂之愛染院本尊台ノ裏ニ、六角勝仙院ト記トアリ。寛文年中、愛染院主ハ晃玄僧正弟子、見性房ト同明也（ママ）。

○大永二年、沙弥照栄江勝千坊諄秀法印ヨリ譲与之後、為末寺。号不動房。

慶長五年三月、玄俊、留主居請状アリ。

不動坊存盛寛文中ノ住主　大般若経表文ニアリ。

神宮寺　石州銀山

其以後久無音、不能書音候。抑其島中修験奉行職之事、又一体二年行事職と云　勝仙院へ申付候条、別而被加言、山伏法

度以下堅被申付候ハヽ、尤以可為本望候。将又薫衣香十袋、雖乏少至候、送之候。猶勝仙院、具可申候間、不能詳候。かしく

五月八日　　御花押

大久保石見守殿

当所行者堂修造之儀、諸修験中被相談、別而愈馳走儀、肝要候。毎事如有来客道之儀、不可有相違上者、右堅可守法度由、可有演説事簡要之旨、当御門跡御気色所候也。仍如件。

四月廿二日　　岩坊澄孝

菊坊慶弁

長楽寺

（以下略）

（注）　年不詳。本文中に「弘化三年」の年紀がある。「岩坊澄孝」は寛永四年（一六二七）二月十二日叙法印、寛永十七年（一六四〇）七月七日、六十九歳で寂。天理図書館保井文庫所蔵。

一八四　住心院過去帳

（五日）

寛乗資

当院第二　　童名日増

前大僧正長乗大和尚元亨三十一月

世寿八十

（十一日）

元禄七甲戌年　六十一歳入寂　墓三井南院

空称院大阿闍梨前大僧正晃玄大和尚位

五月　　至享宝《(ママ)》十一年三十三回也

（十二日）

豪猷和尚応永三十一十二月九十一才

文化三五月　四十八歳

如実院大阿闍梨僧正賞珉大和尚

（十三日）

桂芳院増堅僧正勝仙院　隠居而暫因幡堂之寺内ニ居絡《(ママ)》　後於大龍寺遷化　此節明寺借住　正徳五乙未迄百年

元和二丙辰十一月　墓四条在大龍寺

（十五日）

定恵院権僧正阿闍梨晃珍大和尚安永五二月六十八歳

（十六日）

東山若王子　　享保元丙申年　齢八十五歳

乗雲院前大僧正大阿闍梨晃海大和尚位

澄存第一弟子　七月　大炊御門経考（ママ）猶子

（廿三日）

前勝仙院兼若王子

徳本院前大僧正澄存今川上総介氏真息　齢七十三歳入寂　享保十一丙午□七十五年□ル

慶安五年壬辰八月　葬若王子

（注）　年不詳。歴代関係の分を抄出した。住心院所蔵。

一八五　聖護院道興書状写

（包紙上書）「道興准后御書之御写

天正十三九月廿三日　道澄准后御筆」

今度二宿門跡修学者与長床公号衆﨟次之儀、盛澄僧都事者直参之上、為若王子代参勤之間、二宿事被仰付候畢。於自今以後者、参仕之修学者与公号衆之間之儀、以度数可守﨟次之由、可被申付候也。

延徳二

八月七日　御判

花台院御房

智厳院御房

天正十三九月廿三日

右道興准后御書写之了。（花押）

（注）延徳二年（一四九〇）、天正十三年（一五八五）。備前児島長床衆をめぐる﨟次の争いは六二号にも出ている。「直参」は参仕のさらに上の位。二宿は入峯のさい大宿に次ぐ重要な役職である。参仕修学者については四三号の注を参照されたい。園城寺所蔵。

一八六　聖護院道興書状

（端裏書）
「道興准后御筆」

（前欠）

助成候。せめての儀ㇳ存□、是に候馬を一疋進候き。聊厩横之所をなをさせ候。一両日後に索て可進候。御日数不幾候愚考候。一向ニ其時節可参申候。返々はる〳〵の芳翰、不知所謝候。かしく

二月八日　（花押）

（注）年不詳。花押は道興のもの。園城寺所蔵。

一八七　武田義信書状

（包紙上書）
「勝泉院御房　義信」

（端裏）
「（切封墨引）」

就修験中之義、芳札披見令得其意候。両国之法度、聊無疎略可申付候間、可御心易候。仍扇子三本贈給候。祝着候。猶近日以使僧可申之間、不能具候。恐々敬白

六月十二日　義信（花押）

勝泉院御房

（注）年不詳。五八号と関連し、同じ六月十二日付であるが、五八号は宛所に敬語がなく、本文書には「御房」があるなど、本文書の方が後年のものと見られる。なお武田義信については五八号の注を参照されたい。園城寺所蔵。

一八八　聖護院道澄書状

（端裏書）
「（切封墨引）
乗々院僧正御房　（花押）」

勝仙院事。任准后仰、吉野其外諸先達中、堅被申触候者可然候。委細尊札相見候之間、不能詳候也。謹言

七月廿四日　（花押）

乗々院僧正御房

（注）六〇号と関連し、永禄八年（一五六五）と思われる。「勝仙院」は増堅。「准后」は道増。道澄は新門主の時期。花押は道澄のもの。宛所の「乗々院僧正」は増鎮。園城寺所蔵。

一八九　甘利信忠書状

（包紙上書）
「甘利左衛門尉
勝仙院　信忠
御同宿中」

（端裏）
「（切封墨引）」

芳札忝存候。仍就当御門主様御入峯、当国修験中江被仰付子細、可致馳走之由、令得其意候。即信玄申聞候処ニ点頭候。可御心易候。委曲期来信候。恐々敬白

七月八日　　　　　　　　　　　　信忠（花押）

勝仙院

御同宿中

（注）永禄十年（一五六七）か。武田信玄は永禄二年（一五五九）に出家して信玄と号し、天正元年（一五七三）に没した。その間に該当する門跡入峯は道澄の永禄十年（一五六七）しかない。甘利信忠は武田氏家臣。宛所の「勝仙院」は増堅。園城寺所蔵。

一九〇　敏満寺西福院宋澄書状

（包紙上書）
「　　　　　　敏満寺西福院
六角勝仙院　　　　宋澄
　　　　御坊中　　　　　　」

（端裏）
「（切封墨引）」

去年者預貴札候処、従山門為使僧関東江致下国、不能御報候。非本意候。就其多賀般若坊、貴院為御申、従新門主地之袈裟被成御宥免候処、為若王子一切上義左様無之旨、去年并当春、態客僧下着候。如何在之事候哉。其方之義、於別義無之者、追而可申談候間、御報慥可預示候。将亦去年御門跡御入峯、珍重之御供可申候処、右ニ如申候、他門付而無其儀候。当年貴院於御入峯者、必同道可申候。来月末、山上へ可罷上候間、以参面拝、可申述候。従我等態以使僧可申候処、般若坊客僧幸罷上候間、

令申候。尚期後面之時候。恐々謹言

正月廿六日　　宋澄（花押）

勝仙院

御房中

（注）年不詳。本文中の「新門主」が道勝（興意）親王であれば慶長三年（一五九八）の入峯となる。宛所の「勝仙院」は増堅であろう。園城寺所蔵。

一九一　聖護院道澄書状

去年以来如及沙汰、島衆入峯之作法、近年毎々相背法度恣之由、無是非次第歎入計候。雖為度不足号先達、剰非宿老而浅黄貝緒以下任意之通。此道之狼籍《ママ》不可過之候。所詮堅可令停止之由、対島衆并諸先達中、可被申聞候。猶追而可加分別候。謹言

七月廿六日　　（花押）

（切封墨引）

若王子僧正御房　　（花押）

（注）年不詳。「島衆」は備前児島長床衆。「宿老」は児島長床衆に限られる先達の地位。「浅黄貝緒」については四七号の注を参照されたい。花押は道澄のもの。宛所の「若王子僧正」は増鎮と見られる。園城寺所蔵。

一九二　聖護院道澄書状

（包紙上書）
「乗々院大僧正御房　（花押）」

去年勝仙院与太法院、大宿相論之由候事。太以無其謂候。前代既被定置如法度者、参仕之修学者与公号衆、依為等輩之烈（ママ）度次第上者、出世与公号衆可及相論儀、更無分別候。但太法院事為公号衆、宿老之覚悟候哉。於其段者猶以不相届子細候之条、沙汰之限候。所詮道興准后尊書歴然之間、諸事守先規、如法修行簡要之由、堅可被申与候也。謹言

七月廿三日　（花押）

乗々院大僧正御房

（注）年不詳。「太法院」は児島五流の一つ。出世と長床衆との争いは六二号にも出ている。「大宿」は入峯するさいの首席の役職。この「勝仙院」が増堅とすると、「住心院古代中興歴数并勝仙院歴代」（一八一号）に「同（慶長）十九年、入峯。初勤大宿。三十四峯。七十九歳」とある記事が疑わしくなる。花押は道澄のもの。宛所の「乗々院大僧正」は増鎮と見られる。園城寺所蔵。

一九三　聖護院道澄書状

班蓋之儀、従立理在所進上之由候之処、近年無音、如何之子細候哉。座中混乱之故、不致其沙汰候歟。所詮如前々被相糺、急度可被申付事肝要候。謹言

後三月十九日　（花押）

若王子大僧正御房

（注）年不詳。天正八年（一五八〇）か。道澄が活動した時期で閏三月があるのは永禄四年（一五六一）・天正八年（一五八

〇）・慶長四年（一五九九）である。先代道増や次代興意親王との関係を考慮すると、天正八年の可能性が高い。班蓋は桧で作られた円形の笠。宛所の「若王子大僧正」は増鎮と見られる。増鎮が大僧正に任じられたのは天正三年十月である。花押は道澄のもの。園城寺所蔵。

一九四　六角不動坊留主番請文

（包紙上書）
「守僧
玄俊
六角不動坊留主番請文
慶長五年三月」

勝仙院様へ御奉公申付而、御約束之条々。

一我等ニ朝夕飯壱人ニ可被下之由、忝存候。

一当院ニ御奉公之間、月待・日待、我等まへ申来候ハヽ、請取可仕之事。

一若不動堂ニ御留主ニ折々被指置候共、随分さうし已下可仕候。何之道にても違之儀候ハヽ、何時も罷出可申候。其時一言之義、申間敷之事。

一御祈念有、こま其外灯明銭有之候ハヽ、不寄多少上可申事。

一御合力有間敷之由、相心得可申候。

慶長五年
三月五日　玄俊（花押）

宇野九左衛門尉様

参

（注）一六〇〇年。「不動堂」は六角堂中にあり、大永二年（一五二二）に勝仙院の末寺となった。「こま」は護摩。園城寺所蔵。

一九五　生駒一正書状

（包紙上書）
「桂芳院　　生駒讃岐守」

未得御意候之処、御書被成下候。殊更御太刀・御馬、并御帷子五拝領、忝奉存候。当国松尾寺当住持秀厳、袈裟誤之旨被仰出候。彼秀厳義、高野山以手筋、致入峯之由候へ共、左様之出入御法度者、拙者式不存事ニ候条、貴方可被任御憲法候。併様子之段、以一書申上候条、具可被達御披露候。恐惶謹言

生駒讃岐守
八月十日　　一正（花押）
桂芳院

（注）年不詳。生駒一正は弘治元年（一五五五）～慶長十五年（一六一〇）。慶長六年に讃岐丸亀城主、慶長七年から高松城主。宛所の「桂芳院」は勝仙院増堅。増堅は慶長五年に隠居して、因幡堂に草庵を建立し桂芳院と号した（一八一号「住心院古代中興歴数并勝仙院歴代」）。慶長十七年、徳川家康は本当両派の訴訟を裁き「当山ノ袈裟筋ハ当山へ引、本山ノ袈裟筋ハ本山へ引、不致申分様」という裁許をしたが、その先駆けとなる案件と見られる。園城寺所蔵。

一九六　仙石秀次書状

以上

態致啓上候。仍先年富士先達之儀ニ付而、御門跡様より越前守へ御理ニ御座候条、山伏ニ裁許仕候様ニと被申付候処ニ、近年信州之内ニても、於他領社人裁許仕所も御座候哉。去年・当年むさと出入雖申候、堅被申付分候。乍去、吉田神主殿より御理も在之様ニ申成候間、被遂御分別、門跡様・吉田殿、被仰談御尤奉存候。内々存寄候通如此候。自然此筋御用之儀候者、可被仰下候。何事にても如在仕間敷旨、被申候間如此候。恐惶謹言

仙石左馬進

七月廿四日　　秀次（花押）

勝仙院様

人々御中

（注）年不詳。「越前守」は仙石秀久。秀久は天正十八年（一五九〇）に信濃小諸城主となり、文禄元年（一五九二）に越前守叙任、慶長十九年（一六一四）に没した。「富士」はいわゆる七社引導の一つ。元和（一六一五〜）以降、江戸時代を通じて修験と社家の出入が繰り返されるが、その先駆けとなる案件と見られる。宛所の「勝仙院」は澄興（澄存）であろうか。園城寺所蔵。

一九七　某義国書状

（包紙上書）
「勝仙院　義国」

如来意、未申通候之処、芳書具披見候。抑大門房、近年無音之由承候様体、一向不知案内候。尤向後

者可覃其御届之由、可申付候。恐々謹言

六月七日　　　　　　　　　　義国（花押）

勝仙院

（注）年不詳。園城寺所蔵。

一九八　某書状

（端裏）
「（切封墨引）」

御書畏而頂戴、先以忝存知候。然先年、於大峯仁中籠立願之事、無別成就之段、誠恐悦至極候。弥御祈念乍怖奉頼存候。惣別向後之儀、相急被仰付候之様ニ、連々可預御披露候。恐惶謹言

九月廿五日　　　　　　　　　直（花押）

勝仙院

（注）年不詳。園城寺所蔵。

一九九　某書状

（端裏）
「（切封墨引）」

為歳暮嘉例、祈祷巻数并十帖・壱本到来、喜悦候。弥祈念憑入候。猶泰地可申候也。恐々謹言

十二月晦日　　　　　　　　　具（花押）

勝仙院

（注）年不詳。園城寺所蔵。

二〇〇　某書状

「（切封墨引）」《端裏》

返々御返事奉待候。依其趣可致披露候。

雖未申通候、一筆令啓上候。仍従客道為御音信、巻数并杉原一束・扇子一本、毎年泰地加賀御執続申候。当年懈怠無御心許候。自奉行方、其不審候。将亦加賀方へ毎年廿疋被懸御意候。是又従去年不相届候。厳重被仰付候而可然候。若□客道へ不儀子細申輩候者、可示給候。先規相違之儀、不可然旨

（後欠）

（注）年月日不詳。園城寺所蔵。

二〇一　某書状

今度藤宰相仁知行被仰付候儀、別而被悦思召候通被仰出候。為御礼被参候。御執成肝要候。仍御料所雲州横田庄御公用万疋運上候使者罷上候処、於尼崎号破損舟、悉以取欲候。公物之儀候間、不可混自余条、急度被召返運上候様　（後欠）

（注）年月日不詳。園城寺所蔵。

二〇二　遊佐龍盛書状包紙

（包紙上書）
「　　　　　遊佐河内
勝林坊　床下　　龍盛　」

（注）年月日不詳。園城寺所蔵。

解説

住心院と勝仙院の歴代

首藤善樹

一　中世の住心院

住心院初代長乗　「住心院伝記」（本書一八二号。以下、番号のみ表示したものは本書所収）と「三暦」（一八〇号）は、住心院の歴代の最初に覚愉をあげている。「住心院過去帳」（一八四号）は覚愉をあげていないが、一般に住心院初代とされる長乗に「当院第二」と注記している。また「住心院古代中興歴数并勝仙院歴代」（一八一号）は長乗から始まり、覚愉を記さない。これらの史料は江戸時代に下るものばかりであり、江戸時代にはすでに住心院の草創については不詳となっていたと見える。

「伝法灌頂血脈譜」（『園城寺文書』第七巻所収）によると覚愉は住心房と号し、建保五年（一二一七）七月七日、京都東山鹿ヶ谷にあった如意寺において如意寺法印慶範に従い伝法灌頂の入壇をしている。この覚愉は住心房と号したが、いまだ「住心院」ではなかったのであろう。しかも長乗とは伝法灌頂を受けた年代が五十一年もあいていて、覚愉と長乗の関係も判然としない。現在の住心院では、この覚愉を始祖としている。

ついで諸書に長乗があげられている。「住心院過去帳」に長乗は「寛乗資　当院第二　童名日増」とある。この記載にしたがえば、寛乗が住心院の初代と考えられなくもないが、現在、住心院では長乗を初代としている。

長乗は難波出雲守藤原長貞の子で、一印房と号し住心院に住した（伝法灌頂血脈譜）。『尊卑分脈』には「寺長乗大阿闍梨　住心院　大僧正」とある。長乗は元亨三年（一三二三）十一月五日に八十歳で寂した（伝法灌頂血脈譜）。なお長乗の詳細な事績は、本書の別稿の解説「住心院初代長乗について」を参照されたい。

住心院は鎌倉時代から天台宗寺門派の有力な寺院だったのである。

住心院第二代道猷　道猷は正安二年（一三〇〇）、長乗の室に入り剃髪受戒した（三井続灯記）。延慶三年（一三一〇）十一月十一日、三十一歳のとき園城寺唐院において長乗に従い伝法灌頂の入壇をし、暦応三年（一三四〇）十二月二十四日に一度、円明寺で授法している。前権僧正道猷は延文三年（一三五八）十二月十五日、八十歳で寂した（伝法灌頂時の年齢から算出すると七十五歳となる――伝法灌頂血脈譜・三井続灯記）。「三井続灯記」に道猷は一生「新金峯山」に住すとあり、修験とのなんらかの関係が推察される。また正和四年（一三一五）五月二十四日、大吉祥院において「烏蒭大輪伝受記」を著した（妙法院所蔵奥書）。

住心院第三代豪猷　豪猷は「三井続灯記」の伝を見ると、次のようにある。建武元年（一三三四）、誕生。永和元年（一三七五）五月八日、常住院良瑜に従い伝法灌頂入壇。南滝に奉仕一千日。両峯先達九箇度。門子に深基という者あり。また先達位に居すこと十二度。

右の伝によると豪猷は三井修験道の流れをくみ、大峯・葛城嶺に入峯し、熊野参詣の先達を勤めていた。豪猷は修験を兼帯し、熊野参詣先達の道を歩んだのである。伝法灌頂の師が、三山・新熊野検校、南滝奉仕一千日、大峯抖擻四ヶ度とされる常住院良瑜であることも因縁があろう。

豪猷は三条家の息で、僧正に任じられた（住心院古代中興歴数并勝仙院歴代）。応永六年（一三九九）九月十五日、相国寺に足利義詮三十三年忌追善のため七重大塔が建立され、その供養の散花師の一人として出仕したという（三暦）。

ところで豪猷は嘉慶二年（一三八八）二月二十一日、良瑜から大悲寺僧正遺跡熊野参詣檀那ならびに上分物等の管領を承認されている（二号）。その文書は住心院に現蔵されるもので、中世における住心院の存在を確実に示す初見史料である。「住心院伝記」（一八二号）は差出者である「法印」を「乗々院良縁歟」とし、聖護院の院家若王子の関与を示唆している。大悲寺僧正遺跡とあるのみで具体的な地名などは示されていないが、応永二十九年（一四二二）十月十九日付の聖護院道意御教書（七号）に「大悲寺僧正遺跡熊野参詣諸檀那内、斯波殿御一家奥州大将并被官人之先達職上分等」とあり、斯波殿御一家奥州大将ならびに被官人を含むものであった。斯波氏は室町幕府の管領として知られ、陸奥国斯波郡を領有し、子孫は奥州探題・羽州探題となっている。

続いて豪猷は翌康応元年（一三八九）二月十一日に甲斐武田一族ならびに被官人等の熊野参詣先達職、同年二月十六日に甲斐国・同鶴郡四十八郷その他の保内十四ヶ村の熊野参詣先達職を、それぞれ良瑜から承認されている（三・四号）。そして実際にその年三月、武田氏の後室とその供の人たち九人を熊野へ導いた（五号）。

その後、良瑜が応永四年（一三九七）八月二十一日に寂したのち、応永五年三月二十日に千光院道意から大悲寺僧正遺跡熊野参詣檀那ならびに上分物等を安堵されている（六号）。道意は良瑜の弟子で、明徳二年（一三九一）に聖護院を継承している。

豪猷の入寂について「三井続灯記」は応永三十一年（一四二四）十二月十二日卒、九十一歳と記している。しかし、後崇光院（伏見宮貞成親王）の日記である「看聞日記」応永二十八年二月十九日条には「抑豪融《（ママ）》僧正円寂事、旧冬月迫之間不訪之」とあり、実際の豪猷の入寂は応永二十七年十二月、享寿は八十七歳であったと思われる。

住心院第四代深基　深基は中納言権僧正と号し、至徳元年（一三八四）十月三日、如意寺において常住院良瑜に従い伝法灌頂の入壇をした。時に二十八歳であった（伝法灌頂血脈譜）。深基は豪猷僧正の弟子にして、実は子息で、童形の時の子であったという（「看聞日記」応永二十三年四月二十三日条）。後述する深基の後嗣実意の「熊野詣日記」によると、深基は応永三年（一三九六）いらい禁裏や将軍家関係者の熊野参詣の先達を八ヶ度勤めた。また乗々院実弁が記した「大峯灌頂次第」を伝持したという（京都大学付属図書館島田文庫所蔵「当院代々記」実弁の項）。

深基は応永二十六年（一四一九）四月十二日に寂した。享寿は六十三歳である。そのとき前住にして父親の豪猷は美濃に隠居し、すでに八旬におよぶも存命していた。同年六月五日、豪猷は上洛して伏見宮を訪れたが、深基僧正の他界によっていよいよ力を失い、その老後の愁歎が不便（憫）であったという（看聞日記）。

豪猷が美濃に隠居していたというのは、「看聞日記」永享三年（一四三一）五月十九日条に「住心院僧正（実意）、濃州中川荘半済守護知行分安堵之由申。是本領也。半済者摂政知行也。僧正就由緒安堵珍重也」とあり、「美濃中川荘半済守護知行分」が住心院の本領であったからと思われる。のち嘉吉三年（一四四三）十一月に実意もまた美濃へ下向している（看聞日記）。

住心院第五代実意　実意の伝は「三井続灯記」に次のようにある。内大臣藤原公豊の子。至徳三年（一三八六）、誕生。応永十五年（一四〇八）、剃髪受戒。役優婆塞の行を学び大峯入峯五ヶ度。公武の護持、たびたび法験を得る。天王寺・新熊野を統領。大僧正に勅任。長禄三年（一四五九）四月二十三日寂。七十四歳。

そして実意は応永二十年（一四一三）十一月九日、如意寺において千光院准后道意に従い伝法灌頂の入壇をした（伝法灌頂血脈譜）。「看聞日記」永享七年（一四三五）五月二十七日条に「抑住心院実意僧正、被補御持僧云々。仍遣賀札。住心院被補御持僧事、無先例歟。仍殊自愛云々」とあり、実意は住心院として初めて護持僧に補されたこと、また永享八年四月二十八日条には実意が伊勢へ参宮したこと、同年（一四三六）六月十一日条には、実意が阿闍梨となり室町殿で五壇法を結願したこと、永享十年六月二十一日条には実意が初めて禁裏の御修法を修すること、などが記されている。実際に実意は、永享三年（一四三一）から嘉吉元年（一四四一）にかけて、聖護院満意に従い、積善院良讃・若王子忠意とともに、しばしば室町殿で五壇法の脇壇を勤めている（満済准后日記・御修法部類記など）。

ところで「看聞日記」応永二十八年（一四二一）二月十九日条に次のようにある。

抑豪融《(ママ)》僧正円寂事、旧冬月迫之間不訪之。今日、実位《(ママ)》法印中川三位公為卿息。号明王院。遺跡相続之間訪之。此法印予親昵也。然而疎遠也。来月室町殿御台・西御所等熊野参詣。先達此法印ニ被仰。故僧正御先達之間、為佳例被仰云々。

先に豪猷の入寂年時で触れた史料であるが、これを見ると実意は藤原公為の息であった。これは実の出自で、「三井続灯記」が記す内大臣藤原公豊は猶父かもしれない。そして応永二十七年十二月の豪猷の入寂をうけて、実意がその遺跡を相続したことを示している。さらに「故僧正」が先達を務めた佳例により、応永二十八年三月に実意が室町殿御台らの熊野参詣の先達を務めたことを示している。この故僧正とは文の流れからすると豪猷のようでもあるが、すでに二年前に死去している深基の可能性が高い。その熊野参詣のため三月六日に精進屋入りしたが、国母二位殿・室町殿室御台・故北山殿妾西御所・北山殿妹光照院・北畠対御方・坊門局・日野一品・禅門室・裏松中納言豊光卿のほか、およそ女中清選の人々十二人、男女の輿四十六丁におよび、その行粧は美麗で万人が群集して見たという。その熊野下向は四月八日であった（看聞日記）。

実意には「熊野詣日記」という著作があり、伏見宮貞成親王の筆になる写本が宮内庁書陵部に所蔵されている。将軍足利義満の側室北野殿が熊野詣するさい実意が先達を務めた日記で、応永三十四年（一四二七）八月中旬から十月十五日にいたる記事がある。その末尾に実意は応永二十八年に御台様・光照院・光範門院（称光天皇生母）の先達、応永三十三年と三十四年に南御所様の先達を務めたと、感激をもって記している。そして「おもふに先師僧正、応永三年にはじめて彼御参詣を引導したてまつりて八ヶ度におよべり。実意師跡をつたへてよりこのかた御共仕る事、このたびまでは五箇度にいたりぬ」と述べている。ここにいう「先師僧正」は深基と見られ、深基も応永三年いらい八ヶ度におよんで、禁裏や将軍家関係者の熊野参詣の先達を務めたことになる。

実意は応永二十九年十月十九日、大悲寺僧正遺跡熊野参詣諸檀那のうち斯波殿御一家奥州大将ならびに被官人の先達職上分等を千光院道意に安堵されている（七号）。そして康応元年（一三八九）二月十一日の御書、ならびに同十六日の御教書などの正文を紛失したため、応永三十一年六月二日、案文に若王子忠意の証判を加えてもらい（九号）、同応永三十一年六月七日、千光院道意に甲斐武田ならびに一族被官人等の熊野参詣先達職を安堵されている（一〇号）。

室町時代は足利将軍家と聖護院の関係が密接で、住心院へも永享四年（一四三二）四月十七日に足利義教が渡御している（満済准后日記）。

また実意には「文安田楽能記」の著作がある（『日本庶民文化史料集成』第二巻所収）。文安元年（一四四四）と文安三年に住心院へ伏見宮貞常親王・将軍足利義政の弟（のち聖護院義観）の御成があり、田楽を催した様子が記録されている。貞常親王の母庭田幸子は実意の伯母にあたり、実意はとくに伏見宮家と親交があり、すでに見たように貞成親王の日記「看聞日記」に住心院の記事が散見するところである。そして嘉吉三年（一四四三）、実意は貞成親王から智証大師真蹟の法華経一部を与えられている（伏見宮記録――『日本天台宗年表』による）。また、その没した直後の某書状案（一二号）によると、実意は新熊野社務職を兼ねていたと推察される。なお『国書人名辞典』（岩波書店刊）実意の項に次のようにある。

僧侶（法相）・歌人〔生没〕明徳四年（一三九三）生、享徳三年（一四五四）十二月八日没。六十二歳。〔名号〕法諱、実意。俗姓、楊梅（藤原）。〔家系〕楊梅（藤原）親家の男。〔経歴〕応永三十四年（一四二七）前後、数回にわたって熊野参詣の先達を務めた。嘉吉元年（一四四一）興福寺別当。住心院・法雲院に住す。法印、権大僧都、大僧正。文安三年（一四四六）伏見宮貞常親王・足利義観を招き、田楽会を催す。

ここには住心院実意と興福寺別当実意が同一人として説明されているが、「三井続灯記」が記す生没年・享寿と相違し、「看聞日記」が記す出自とも相違している。興福寺別当になったという嘉吉元年以降の実意の状況から見ても、両者は別人であろう。

住心院第六代公意　公意は法性寺二位親継の子で、正親町三条公雅の猶子となった（一八〇号「三暦」）。応永三十三年（一四二六）三月十七日、如意寺において聖護院満意准后に従い伝法灌頂の入壇をした。時に二十一歳であった（伝法灌頂血脈譜）。永享八年（一四三六）六月、実意が室町殿で五壇法を修したとき、権大僧都公意は住心院付弟として助修を勤めた（看聞日記）。そして康正二年（一四五六）、公意は二人に授法している（伝法灌頂血脈譜）。

公意は寛正六年（一四六五）四月十四日、弁僧都厳尊の奥州仙道安達郡葷ならびに甲斐国武田・逸見・跡部三氏の熊野参詣先達職を安堵している（一六・一七号）。さらに住心院は聖護院道興から年不詳十二月十三日付で、沢村平左衛門尉一類熊野参詣先達職の知行について「六角上野快秀ニ被仰付候上者」ということで安堵されている（四〇号）。勝仙院快秀が道興から厳尊の遺跡を安堵されたのは文明四年（一四七二）五月十八日であるから、それ以降まで住心院は霞を知行していたのである。

ついで文明八年（一四七六）十一月に将軍足利義尚の邸室町殿が火災にあい、それを受けて朝廷は諸寺へ祈祷を命じたが、そのとき園城寺・聖護院と並び「住心院僧正」も祈祷の命を受けている（三七号）。この住心院僧正は公意と見られる。そして公意は文明十八年（一四八六）一月十日、後土御門天皇の加持に祇候した（御湯殿上日記）。また長享二年（一四八八）四月二十八日、住心院が宮中の御経供養導師を務めているが、これも公意であろうか（御湯殿上日記）。公意の没年は不詳である。

住心院第七代実昭・第八代実瑜　「住心院伝記」は「今案実瑜、本名実昭歟」としている。「三暦」も「実瑜実昭」と表記して実昭は実瑜の本名の扱いをしている。「住心院古代中興歴数并勝仙院歴代」は「法印実昭」の次に「同　実瑜」を掲げ、別の世代としている。実昭・実瑜については極めて不確かな状態であるが、次に掲げる事柄の年時の推移から、別人と推察したい。

実昭については文明五年（一四七三）四月二十八日付で、法印に叙する後土御門天皇口宣案写がある（三四号）。実瑜は延徳二年（一四九〇）四月二十六日から三十日にいたる宮中の法華八講の講師の一人となり、そして明応五年（一四九六）二月と八月、護持僧を務めたという（住心院伝記）。さらに大永四年（一五二四）に聖護院道興が大峯へ駈け入ったとき、その同宿衆の一人に住心院が含まれている（『金峯山寺史料集成』所載「山上雑用明鏡」）。この住心院は文明五年に法印となった実昭では年数が五十一年経過し、年齢的にも相当高齢になると思われるため、実瑜と見るのが妥当であろう。また山科言継の日記「言継卿記」大永七年（一五二七）五月二十八日条に、「伏見殿に御鞠あり。参候御人数者伏見殿・三條亜相・如水軒・持明院・柳原・姉小路・予・白川少将・住心院・金剛院南仙寺僧、久我弟、・官務伊治等也」と、伏見宮家の蹴鞠に住心院が参席した記事がある。そして明治四年（一八七一）に下がる史料であるが、「住心院候人内藤兵部家伝」（京都大学文学部所蔵）に新熊野社供僧春智法印が天文年中（一五三二～五五）に住心院へ新熊野社別当職を付属したとある。けっして博捜した結果ではないが、現在、筆者の手元の史料では、これが中世の住心院に触れた最後の記事である。

「住心院伝記」の記載はこの実瑜までで終わっている。そして「三暦」も「住心院古代中興歴数并勝仙院歴代」も、この実瑜で住心院は中絶したと記している。その理由は何も記されていない。応仁・文明の乱以降、荘園制に支えられた公家社会そのものが大きく衰退するなかで、住心院の消息も途絶えていったのである。

二　六角勝仙院

勝仙院初代厳尊　さて住心院とは別に室町時代から勝仙院という寺が存在した。「住心院古代中興歴数并勝仙院歴代」は勝仙院の歴代の最初に厳尊をあげている。同書によると厳尊は公号を上野といい、弁僧都とも称した。応永年中（一三九四～一四二八）に六角堂浄尊法印の資となり、自坊ならびに不動院・愛染院を譲り受け、住心院豪猷の所領である諸国の檀那の霞を買得し、法輪院准后の令旨、乗々院・住心院の譲状等まで譲り受け、買得の証文等が伝存するという。つまり厳尊は応永年中に六角堂の浄尊法印の後継の弟子となり、その坊舎などを譲り受け、住心院豪猷から諸国の檀那の霞を買得した。それで住心院の証文が勝仙院に伝来するというのである。この「住心院古代中興歴数并勝仙院歴代」は江戸時代後期の成立であるうえ、傍証する史料も乏しいが、ここに記される事柄は「住心院伝記」（一八二号）・「六角興緒故実」（一八三号）などの記述や、現存する古文書の内容とも符合するのである。

「六角興緒故実」には「上野坊　弁僧都厳尊之公号。六角堂中之僧坊浄尊法印之弟子。熊野三山抖藪之行人、大先達勝千坊之祖」とある。

厳尊が六角堂浄尊法印の資となったのは応永年中であるから、応永二十七年十二月に死去した住心院豪猷から諸国の先達職を買得したのも応永年中となる。こうして住心院と勝仙院は、豪猷と厳尊によって結びついた。

住心院文書中に年欠三月十二日付の熊野御師駿河守良忠の書状がある（一五号）。宛所が「弁律師」となっているので、厳尊がまだ僧都になる以前の早い時期のものと推察される。それを見ると厳尊は御師良忠に銭百拾七貫文を貸し、熊野参詣の檀那の先達職を質に取ったことがわかる。その先達職を厳尊が所持しようと望んだとき、御師良忠は断ったうえで住心院殿の御沙汰であれば、熊野三山の御師ならびに道中宿々までも従うと言っている。これを見ると住心院が熊野参詣檀那の霞を所有し、御師や勝仙院に先達職を委ねていた関係がわかる。

『熊野那智大社文書』米良文書に永享十二年（一四四〇）八月二十九日付の能登国伊折の講衆の旦那願文があるが、その先達は「六角堂上野厳尊」であり、早い時期の厳尊の先達としての活動がうかがえる（一一号）。

寛正三年（一四六二）六月十日付の檀那証文を見ると（一四号）、大和国長谷・柳生・尼ヶ辻の六人が、勝仙院が御仕置に下向したので熊野先達は余宗に頼まないことを誓っている。事情はよくわからないが、差し詰め聖護院の指図で、厳尊は熊野参詣先達について問題が起きている大和へ下り、御仕置をして先達職を確保したということであろう。厳尊はそのような活動をしていたのである。

先述したように厳尊は住心院公意から、寛正六年四月十四日に奥州仙道安達郡葦ならびに甲斐国武田・逸見・跡部三氏の熊野参詣先達職について、「契約の子細あるうえは永代知行せらるべく候」と安堵されている（一六・一七号）。それは公意が住心院を継職したさいに、豪猷いらいの契約を再確認したということであろう。すると豪猷が厳尊に先達職を委ねたのは、契約だったことがわかる。それと関連するものとして住心院文書中に、住心院の役僧と見られる井口尊雅が弁僧都（厳尊）に宛てた書状の写がある（一九号）。その書状の文中に進物と「契約之千疋」を受け取った旨の記述がある。すると厳尊は豪猷から奥州仙道安達郡輩と甲斐国三氏の熊野参詣先達職の永代知行を委譲され、その見返りとして定期的に住心院へ銭千疋を上納する契約になっていたと思われる。

ついで同じく寛正六年四月二十三日付の井口尊雅・津江玄猷の連署書状がある（一八号）。そこには甲州三家先達職について契約したうえは、諸山伏についても同前と記されている。そしてことに「厳尊が諸山伏の法頭であることはその隠れがなく、住心院に御礼を申す輩を計らって御目に懸けられれば悦喜たるべく候」と言っている。すると厳尊は契約が続行している間は、住心院配下の山伏の法頭であり、住心院に御目通りして御礼を申す山伏の差配まで務めていたことになる。

さらに了賢僧都と盛賢が、摂津天王寺七村ならびに越後・信濃にある一類の者の熊野参詣先達職について相論し、聖護院道興から湯誓（湯起請）をするように命じられたが、盛賢が素直に従わなかったためこの先達職は取り上げられ、文正元年（一四六六）四月十五日に、改めて道興から厳尊に永代知行するように与えられた（二〇・二一号）。しかし同日付の天王寺七村、越後国散在、信濃国散在、下野国天明・小栗、豊後国清池庄の熊野檀那を銭三十五貫文で、了賢が上野僧都（厳尊）に売り渡す檀那売券（二二号）があり、実際には厳尊が了賢から買得したものである。こうして勝仙院の先達職はさらに拡大された。

同じく文正元年六月二十二日には住心院前大僧正（公意）から厳尊に、奥州大将大崎一家被官・地下人等熊野参詣先達職が売却され、聖護院道興がそれを了承し、厳尊に永代知行を命じている（二四号）。つまり先の契約のうち陸奥分について知行権そのものが厳尊に売却されたのである。直接買得したさいの文書は遺されていないが、甲斐国武田・辺見・跡部一家被官・地下人等熊野参詣先達職についても、厳尊は譲状で「右檀那者久住心院殿様御知行之在所也。雖然厳尊僧都買得之」と言っているので、やはり甲斐分についても同じときに厳尊は住心院から知行権を買得したのであろう（二七号）。

そして文明元年（一四六九）七月二十三日、厳尊は浄尊法印から譲り受けた坊舎、不動堂・愛染堂の代官職と、次に見るすべての霞を弟子上野公宗秀に譲り渡したのであった（二六〜三一号）。

奥州山道安達郡六十六郷
甲斐国武田・辺見・跡部一家被官・地下人等
摂州天王寺七村
越後・信濃その外諸国散在の一類者
駿河・遠江両国の内島田近江の檀那
洛中ならびに諸国の熊野参詣の檀那

一京毎月六日講
一京トキ屋講
一越後国花前殿一家・被官
一同国開発殿一家・被官
一同国西浜石川殿一家・被官
一信濃国猪無郡井上殿・山田殿一家・被官

一甲斐国八幡・篠原
一同国藤井五郷
一同国対馬公之跡檀那
此外諸国在々所々の厳尊の檀那

初めて見る檀那もあるが、ここに見られるものが厳尊晩年の全財産だったのであろう。厳尊が活動し始めるのが応永年中（一三九四〜一四二八）であるから、文明元年（一四六九）までおよそ半世紀経っている。こうして弟子上野公宗秀が厳尊の跡を継いだ。

勝仙院第二代深秀　「住心院古代中興歴数并勝仙院歴代」は勝仙院の二代目に深秀をあげている。嘉吉二年（一四四二）九月十六日に法印に叙したという。その他の事績は不詳である。

勝仙院第三代快秀　そして「住心院古代中興歴数并勝仙院歴代」は三代目に快秀をあげ、初めは宗秀であったという。すると前述の厳尊の譲りを受けたのは第三代快秀だったことになる。第二代深秀は厳尊が長命だったこともあって、譲りを受ける機会がなく終わったのかもしれない。「六角興緒故実」は勝蔵坊を「法眼快秀之号」としている。快秀は文明四年（一四七二）五月十八日、聖護院道興から厳尊の遺跡である諸檀那等の知行と公方檀那の奉行を安堵されている（三二号）。すると厳尊の遷化は文明四年だったのであろうか。

文明八年七月二十三日には、聖護院道興から奥州斯波・大崎御一家被官・地下人等熊野参詣先達職を安堵されている（三五・三六号）。それは秋法式部公との間に「壱之はさまの道者」について相論があり、改めて安堵を受けたものと思われる。文明十年八月十日には秀伝・「せんしう」に、「奥州御檀那之内もなうの郡・ふかや・とよま」の三ヶ所の檀那を預けている（三八号）。宛所が「六角上野僧都御坊」となっているので、快秀はこの間に律師から僧都に昇進したのであろう。

大永三年（一五二三）七月二十三日、快秀は「大蔵御房」へ宛て、左の先達職および房舎等を譲り渡した（四一号）。


一奥州斯波郡大将御一家・被官・地下人等事。

一奥州柴田郡之事。

一天王寺七村并諸国散在事。

一房舎之事。同雑具等事。

一不動堂・愛染堂代官職之事。

一吉田ス、カ三郎太郎本役事。

六月廿日に七十五文、十月廿日に七十五文出之也。

一江戸弥五郎本役并年貢事。

在所者東山野上也。

吉田本役事、江戸弥五郎本役事、此両所昌祐ニ譲渡といへ共、御一後《（ママ）》之間也。大蔵ニ返付らるへき者也。


するとこの譲を受けた大蔵御房は、次の快厳であろう。これをかつて文明元年に厳尊が快秀に譲り渡した内容と比較すると、越後・信濃その他諸国散在の一類者、駿河・遠江両国のうち島田近江の檀那、洛中ならびに諸国の熊野参詣の檀那が欠落している。このときまでに売却されたものであろうか。あるいは別に譲状が存在したのであろうか。厳尊は六通の譲状に分けて快秀に譲与したのであるが、快秀は一通の譲状に諸種のものを書いているようであるから、これがすべてという印象が強い。すると快秀の代に勝仙院の霞は相当減少したことになる。

勝仙院第四代快厳　「住心院古代中興歴数并勝仙院歴代」は四代目として快厳をあげているが、記事がない。「六角興緒故実」は勝林坊を快秀の資「快厳之号」としている。

勝仙院第五代快俊　続いて「住心院古代中興歴数并勝仙院歴代」は快俊をあげるが、これも記事がない。快厳・快俊についても関連する文書もなく不詳である。

勝仙院第六代淳秀　六代目は淳秀である。「住心院古代中興歴数并勝仙院歴代」・「六角興緒故実」には諄秀とあるが、現存する三通の関連文書にはいずれも淳秀とあり（四三・四四・四六号）、同年代の史料に従っておく。永正十七年（一五二〇）に権律師となり、同年十月二十三日に解脱寺おいて灌頂を受けたといい、朱書で「出世」と注記がある（住心院古代中興歴数并勝仙院歴代）。永正十七年十月二十三日に知見院猷助から解脱寺で伝法灌頂を受けたことは「伝法灌頂血脈譜」にも出ていて、侍従と号し、直参修学者と注記されている。

またそれに先だち同永正十七年八月二十六日に、乗々院興淳から諸尊を受法している。そのことは京都大学文学部所蔵「千勝院伝」に、幸いにも勝仙院の記事が混入していることから知られるのであるが、そこに淳秀が記した「一遍伝受記」の奥書が写されていて、その「権律師淳秀記之」という署名の右肩に「二十三」と小さな字で年齢が添書されている。

大永四年（一五二四）、聖護院道増の入峯に副先達を勤め、享禄二年（一五二九）、四度目の入峯で大宿を勤めた（「千勝院伝」所引現参帳）。

天文六年（一五三七）七月に聖護院道増が大峯へ駈け入ったときも、「六角勝千坊」として随伴した（『金峯山寺史料集成』所載「山上雑用明鏡」）。そして年不詳ながら十月二十一日付の淳秀について記す聖護院道増の書状があり（四三号）、そこには入峯の御暇に祗候したこと、修学者で先達を勤めること、已灌頂であることが認められ、法印に叙せられたことも記されている。天文八年（一五三九）、十三度目の入峯でも大宿であった（「千勝院伝」所引現参帳）。

「六角興緒故実」は勝千坊を「金剛院阿闍梨諄秀法印之号」としてあげている。そして大永二年（一五二二）、勝千坊淳秀法印が沙弥照栄へ六角堂中の不動院を譲与したのち、不動院は末寺になったとしている。

淳秀は天文十五年（一五四六）十一月二日、四十九歳で没した。号金剛院（千勝院伝）。

勝仙院第七代増堅　「住心院古代中興歴数并勝仙院歴代」に増堅は永禄六年（一五六三）、聖護院道増と道澄が西海に進発したとき供奉をし、永禄八年に三十歳で出世となり、慶長三年（一五九八）七月に六十三歳にして権僧正となり、慶長五年に隠居して因幡堂に移住し草庵を建立して桂芳院と号し、慶長十九年の入峯で七十九歳にして初めて大宿を勤め、元和二年（一六一六）十一月に八十一歳で寂し、四条大龍寺に葬られたとある。「住心院過去帳」には空き寺の大龍寺に借住し、元和二年十一月十三日、その大龍寺で遷化したとある。

天文十七年（一五四八）七月二十五日付、侍従公宛の御教書（四四号）で、聖護院道増は勝仙院の諸同行について他の先達が恣しいままであることをはなはだしかるべからずとし、勝仙院の根本管領の所々と証文を帯する同行は、淳秀法印の譲与に任せ進止相違あるべからずと勝仙院の霞知行を追認している。この侍従公が増堅に当たるのであろう。

増堅は「直参器量大切の間、若輩に候といえども」と大峯先達に任じられ（四五号）、天文二十年七月二十三日、聖護院道増から初先達の﨟次についても達せられている（四六号）。また増堅は年不詳ながら「年齢未満の間しかるべからず候といえども」と、先達補任に近いころ浅黄貝緒を許された（四七号）。

「住心院古代中興歴数并勝仙院歴代」にある永禄六年の西海進発とは、同年一月二十七日に将軍足利義輝が前権大納言久我晴通および道増准后に西海行きを命じ、毛利元就と大友義鎮とを和解させたことをさす（立花文書・吉川家文書）。その出発前であろうか、同年二月二日、宮中小御所で仁王経の祈祷があり、聖護院新門主僧正道澄・若王子権僧正増鎮・積善院法眼覚俊・勝仙院権少僧都増堅らが出仕している（公卿補任・御湯殿上日記・言継卿記・厳助往年記）。

さらに勝仙院大先達（増堅）宛、十二月十一日付道増書状（六七号）は年欠ながら文中に「新門主入峯成就」とあり、道澄が入峯した永禄十年（一五六七）と思われる文書であるが、その中で道増は増堅の出世について新門主道澄に相談し、長床宿老と増堅が小篠と神仙で各番に勤めたことを記している。それについて道増は「若輩にて長床の宿老と各番は一段の規模に候」と増堅が長床宿老と同格に扱われたことに満足している。その翌年にも道増は増堅の出世について若王子増真（増鎮）にも、「勝仙院事、既に数代の薫功自余を混えず候」と指示しており（六〇号）、道増は増堅を殊の外引き立てていた様子がうかがえる。

ここにいう出世は、いわゆる峯中出世とは違い、正院家に次ぐ地位・寺格としての出世である。天保二年（一八三一）十一月付の「本山修験由緒宗法御公法抜粋」（天理図書館保井文庫所蔵）という史料の中に、次のようにある。

一本山修験寺格之儀者、院家（正院家／出世院家）・座主・先達・公卿・年行事・御直末・准年行事・直院（正院家／直付）・住侶・別当・諸同行。

これを見ると院家の中には、正院家と出世院家があるとされている。先達の中で若王子・住心院・積善院・伽耶院が正院家であり、その他に出世院家がある。勝仙院増堅は正院家先達ではなく、出世先達とされ、正院家に準じる地位になったと察せられる。

年不詳ながら関連文書（六〇号）に増堅が出世したことを去年と記していることから、永禄十二年のものと思われる二月十一日付の聖護院道増書状（六二号）に、峯中において長床衆の老（備前児島の修験）と門跡の院家で出世した者（勝仙院増堅）の臈次の次第について相論が起こった様子が記されている。結局、道増は、道興の代よりの法度は同官同位のときは度次第、度も同じときは歳次第であり、そのように勤めてきたことを強く申しつけ、公卿と出世は申し事はけっしてないと言っている。この文書の宛名にある智厳院が公卿、帥法眼が増堅であろう。

また新熊野神社の別当補任についても勝仙院は若王子と争ったらしく、室町幕府へ増堅が訴訟したと見られる（六九号）。その中で勝仙院が証文を持っていたことが書かれているが、以前から勝仙院が新熊野神社の別当に補任されることがあったのであろう。新熊野神社は古く平安時代に園城寺長吏の覚讃が後白河法皇の熊野御幸の先達を務め、新熊野神社の検校を兼務したことから本山修験と新熊野神社の深い関係が始まった。その後の新熊野神社の別当には、本山修験が補任されるのが常だったのである。

永禄七年（一五六四）、毛利元就から増堅は「長州安国寺領半済内弐拾石」の知行を寄進された（五六・五七号）。そして毛利元就・輝元へは矢違えの御守りならびに扇子二本を贈っている（五四・九〇号）。また勝仙院配下の上野国年行事職について極楽院と大蔵院が相論を起こしたため、武田氏に斡旋を依頼している。それにともない勝仙院と武田氏との交流が増し、武田信玄に増堅から巻数・弓懸を贈り、信玄からは園城寺への崇敬を伝えられている（七〇・七七号）。そして信玄の嫡男武田義信（五九号）の他、穴山信友・小山田玄怡・穴山信君・穴山祐清・跡部勝資ら武田氏の家臣たちへも、勝仙院から巻数・守などの音信を送っている（五一・五二・六五・五〇・八五号）。また蘆田幸家・大槻高継からは当病平癒の祈願のため大峯での護摩を依頼されている（八三・八四号）。勝仙院は増堅の代に各地の戦国武将と活発に交渉するようになったのである。

また増堅は聖護院道澄の名代として徳川家康の分国に下向している。当時、徳川家康の分国で当山派山伏との相論が起こっていたらしく、増堅は徳川家の家臣たちから路次の通行などについて斡旋を受けた（九八号など）。さらに増堅は徳川家康に、大峯採灯護摩の御札と御守を進上している（九二・一〇二号）。こうして勝仙院と徳川家とのつながりが生まれ、その後、江戸時代を通じて勝仙院（住心院）が徳川将軍家の大峯での大護摩を取次ぐこととなったのである。

そして慶長三年（一五九八）七月三日、法印増堅は権僧正に昇任した（一一二号）。そして慶長十年（一六〇五）四月十六日には、増堅は聖護院興意親王から佐渡島修験年行事職に補任され（一一三号）、また年不詳ながら聖護院道澄から周防国吉敷郡秋穂庄公用半分内五石定めを給分として宛がわれている（七六号）。また相模国大山修験道は近年乱れ、大峯修行の者がなく、そのうえ御通にも出ないということで、聖護院興意親王から増堅に預けられ、堅く下知するよう命じられている（一〇九号）。こうしてさらに勝仙院の霞は拡大していった。

そして増堅は慶長十四年（一六〇九）、聖護院興意親王に随伴し江戸へ下向した（聖護院文書九三箱一号「照高院興意様関東御下向略記」）。増堅は聖護院興意親王にとっても、もっとも信頼できる側近だったのである。この江戸下向の日記を見ると、増堅は常に興意親王に近侍して破格の立場にあり、すでに勝仙院は実質的に聖護院門跡の院家としての地位を確立していた。

以上のように増堅は聖護院道増・道澄・興意の三代にわたり、本山派修験教団の中枢で内外の諸問題の解決に携わり活躍したのであった。まさに勝仙院の存在が大いに誇示された時代であった。

勝仙院第八代澄存　次に「住心院古代中興歴数并勝仙院歴代」は住心院中興歴代として最初に澄存をあげてい

る。澄存の父は駿河・遠江・三河を領国とした今川氏真、母は北条氏康の娘蔵春院、そして大納言中山親綱の猶子であった。勝仙院増堅の弟子で、大僧正となった。

京都大学付属図書館島田文庫所蔵「当院代々記」によると、澄存は天正十九年（一五九一）に児で初入峯、文禄三年（一五九四）に新先達で興乗坊と号した。そのころは澄興と名乗っていたのであり、文禄四年（一五九五）五月十五日、大法師澄興の名で後陽成天皇から権律師に任じられている（一一一号）。

慶長五年（一六〇〇）、勝仙院の住持となり（住心院明細帳）、その年に九度目の入峯で大宿を勤めた（当院代々記）。慶長六年、興意親王のために園城寺唐院で開壇されたとき、次壇二十人のうちに勝仙院澄興の名があり、その年閏十一月一日に伝法灌頂を受けた。大阿は積善院尊雅であった（『園城寺文書』第七巻五号「灌頂日記」・天理図書館保井文庫所蔵「灌頂御開壇并御次壇人数書」）。慶長八年の大峯入峯は入峯十二度目で大宿を勤めた（聖護院文書九〇箱一九号「入峯記録勘例」）。慶長十年八月、まだ澄興の名で甲斐大覚坊を黒駒郷の先達としている（清道院文書――『新編甲州古文書』第二巻）。

慶長十五年（一六一〇）閏二月十七日、勝仙院は池坊専好の屋敷地の譲与を強く望み、東西十六間、南北八間二尺の屋敷を譲り受けている（一一六号）。池坊は六角堂の執行であるから、この屋敷は勝仙院の隣接地だったのであろうか。安土桃山時代からますます勝仙院の勢力と地位が向上し、寺地も手狭になって屋敷地の入手が必要となったのであろう。

さらに元和元年（一六一五）、本山先達仲間内で相論が起こり、江戸幕府の重役金地院崇伝・板倉勝重から、澄存は聖護院殿の下知次第に本山先達中の諸法度が相立つようにとの書状を受け取っている（一一八号）。

元和三年（一六一七）三月二十三日、法眼から法印に昇叙した（一二〇号）。ところで若王子は慶長十三年に澄真が二十七歳で没し、その後入室した意経も元和三年に若死していた。そこで元和七年に澄存は若王子へ転住し、両寺を三十余年兼帯したとある（住心院古代中興歴数并勝仙院歴代）。若王子は聖護院の筆頭の院家で、熊野三山奉行を務めたが応仁の乱で荒廃し、天正十年（一五八二）と同十三年に豊臣秀吉から朱印地を与えられ、澄存が入って再興したものである。澄存は若王子と勝仙院という本山修験の中核となる院家先達を、二つながら兼帯したのである。したがって本山修験の霞の大部分を手中にし、まさしく絶大な勢力を所持した。さらに伽耶院をも兼帯したという（当院代々記）。

それは当時、聖護院がかつてない厳しい境遇にあったことが背景にある。豊臣秀吉は京方広寺大仏殿を創立し、別当照高院に聖護院道澄を据え、道澄の後は興意親王が継いでいたが、興意親王は大坂の陣を前に方広寺大仏殿の棟札・鐘銘問題の当事者となり、さらに徳川氏を呪詛したとされ、再三、江戸へ下向して必死の釈明に追い込まれていた。そして、ようやく許されて間もなく、元和六年（一六二〇）十月七日、江戸で客死したのである。そのころ付弟として十五歳の好仁親王がいたが、好仁親王は寛永二年（一六二五）に高松宮（のちの有栖川宮）を興しているように、何か事情があったと思われ、元和七年に十歳の吉宮（道晃親王）を聖護院へ迎えたのである。さらに当時は当山派との争いと訴訟で、本山派全体が苦衷を強いられていた時期でもあった。そのようなときに、三山奉行の若王子を無住にして置くことはできなかったのであり、四十二歳の澄存が難しい時期を乗り越えるため、若王子と勝仙院・伽耶院を兼帯する事態となっていたのである。

寛永元年（一六二四）十二月二十五日、伝法灌頂大阿闍梨となり（一二六号）、翌二年には入峯三十三度におよび（当院代々記）、寛永四年一月十二日、権僧正に任じられ（一二七号）、寛永七年一月十一日、権僧正から正僧正に転任し（一二八号）、寛永十四年三月二日、僧正から大僧正へ転任した（一三〇号）。そして寛永十六年十一月二十九日、唐院において大阿として聖護院道晃親王に授法した。

寛永十七年八月、聖護院道晃親王から「上野国修験近年仕置申付けらるるについて、年々入峯逐日繁昌、当道の忠勤これに過ぎず」ということで「彼の国の先達職永代相違あるべからず」と安堵されている。澄存は正保三年（一六四六）、父今川氏真の三十三回忌にあたり、菩提を弔うため若王子寺中に仙岩院を建立した。仙岩は氏真の院号である（京都大学文学部所蔵「千勝院伝」）。慶安五年（一六五二）に隠居。年欠ながら明暦三年（一六五七）から延宝七年（一六七九）までと見られる文書で、道晃親王と道寛親王が連署で幕府の吉良若狭守に宛て、勝仙院の寺領（御祈祷料）を拝領したい旨申し入れている。聖護院門跡の諸院家はいずれも幕府から寺領を得ていたが、勝仙院にはなかったのである。ことに勝仙院は毎年、将軍家の大峯祈祷を請け負っていたので、とくにその由緒をもって願い出た（一三四号）。しかし勝仙院（住心院）はついに明治にいたるまで朱印地を持つことはなかった（聖護院文書八九箱二四号「寺院明細帳」）。「深仙灌頂系譜」（『修験道章疏』三所収）に澄存は両峯七十五度とある。

澄存は慶安五年（一六五二）八月二十三日、江戸において七十三歳で没し、徳本院と号し、東山若王子に葬られた（当院代々記）。遺骸を江戸から京都へ移送したのであろう。元禄十六年（一七〇三）四月に、やはり江戸で死亡し、国元の伊賀に埋葬された藤堂藩三代藩主藤堂高久の例を見ると、遺骸を塩漬けにして運んでいる（個人所蔵「高久公易簀録」）。

澄存はおそらく江戸で記した慶安五年七月付の遺書を遺しており（一三五号）、什物や金子を若王子や勝仙院、従者などに分けている。そして死後二日後、江戸幕府の高家衆から葬儀の仕方、施主檀那の配分、金銀・諸道具類の処分などについて通達された（一三六号）。承応元年（一六五二）十一月五日の「御檀那配分之帳」（一三七号）を見ると、澄存の跡の檀那を若王子と勝仙院の候人が等分に分けた上で鬮取りをしたという。澄存が両寺を兼帯していたとき両寺は一体であったが、澄存の死後、分割されたのである。六角勝仙院分として次のものがあげられている。

禁中（葛城祈祷）、仙洞（大峯・葛城共、京・東山両寺より御札進上）、御櫛笥・新中納言局・帥局（万事御祈念、宮々様共）、女院御所（大峯・葛城・星供共、両寺より御祈念）、新院御所（大峯御祈祷）、二条・一条（万事御祈念）、公方・御袋（大峯大護摩の御祈念）、そして大峯・葛城万御祈祷として千世姫君、井伊掃部頭、松平出羽守、藤堂大学助、上杉御徳、酒井河内守、堺野外記、松高院、松泉院、越前少将、松平中務少輔、松平陸奥守、伊達遠江守、毛利千代熊、仙石、松平主殿頭、北条出羽守、水野淡路守、安藤主税、北条久太郎、森伊勢守、間宮、木下左近、他に若王子・勝仙院両寺ともに出入の檀那として尾張、紀州、保科肥後守、長松、徳松、内藤帯刀一家、九鬼孫次郎。

これが勝仙院の江戸時代における大檀那であった。皇室・摂関家・公家衆・将軍家・大名衆とそうそうたる檀那であった。これらの諸檀那を施主として大峯や葛城で護摩を修し、祈祷札や御守を進上したのである。「三暦」によると寛永八年（一六三一）にいたる百余年間、住心院は中絶し、澄存が同年七月十八日に再興したという。しかし勝仙院の号はその後も使われていて、住心院号の復活はまだなかったと思われる。なお澄存は和歌が堪能で、詠歌に「月うつる三井のしみつの流てはすゑなをひろき志賀の浦波」があるという（当院代々記）。

なお勝仙院は六代目淳秀は出世であったとされ、八代目増堅は永禄八年（一五六五）に三十歳で出世とされたが、いつ正院家となったかは明白ではない。おそらく出世勝仙院澄存が正院家若王子へ転じ、そして勝仙院を兼帯し、両寺院が渾然一体となったのち、澄存の死後、霞などがまったく等分に両寺院へ配分されるにいたり、この時点で若王子と勝仙院は同格となったのではなかろうか。その本山修験内における両院家先達、若王子と勝仙院の相拮抗し、かつ相互に補完しあう地位は、江戸時代最末期まで継続されたのである。

勝仙院第九代晃玄　次は晃玄である。晃玄の前、慶長五年（一六〇〇）に今川氏直の次男が出家し、住心院へ入院したという伝もある。そのとき内藤兵部寛元が随従したという。内藤兵部家は小島治部家と並び、明治まで代々、住心院の候人となった家である（京都大学文学部所蔵「住心院候人内藤兵部家伝」）。

「住心院古代中興歴数并勝仙院歴代」は大僧正晃玄、澄存弟子、松平紀伊守家信の息とする。松平紀伊守家信は徳川家康に仕えた武将で、各地を転々としたが、最後は下総佐倉四万石を領し、寛永十五年（一六三八）、七十四歳で没している（『寛政重修諸家譜』第一巻）。晃玄は慶安五年（一六五二）三月二十日、二十歳にして権律師に任じられ（一三三号）、承応二年（一六五三）十二月二十四日、権律師から法眼に叙せられ（一三八号）、明暦二年（一六五六）五月二日、少僧都に任じられ（一三九号）、万治元年（一六五八）閏十二月二十二日、少僧都から大僧都に転任し（一四〇号）、寛文元年（一六六一）十二月二十四日、法眼から法印に昇叙し（一四二号）、寛文五年三月五日、大僧都から権僧正に転任し（一四三号）、延宝元年（一六七三）十一月十九日、権僧正から僧正に転任し（一四五号）、天和元年（一六八一）十一月二十一日、僧正から大僧正に転任した（一四九号）。

「平等院由緒書」（一七九号）によると、宇治平等院は慶安三年（一六五〇）のころ無住となり、天台宗最勝院が真言宗であった寺に居住し、その最勝院の死後に三井寺宝善院の預りとなり、その後六角勝仙院へ渡ったという。しかし円満院門主の常尊が勝仙院へ由緒を申し入れ、寛文二年（一六六二）に円満院へ差しあげたとある。

平等院寺中最勝院は一時期、晃玄の預かりとなっていたものと思われる。

先述した新熊野社は文明二年（一四七〇）六月に兵火にかかり衰退していたが、寛文六年（一六六六）、東福門院和子によって本格的に再建された。その再興奉行を晃玄が務め、その功で同社の別当は江戸時代を通じて勝仙院（住心院）が務めることとなった（平凡社『京都市の地名』新熊野神社の項）。

また年欠ながら「住心院権僧正」宛となっているので、晃玄が権僧正となった寛文五年以降と思われ、おそらく新熊野社が再建された寛文六年のものと推定される年欠七月二十三日付の聖護院宮令旨（一四四号）で、晃玄は新熊野別当職に補任されている。ところでこの文書の宛所が勝仙院でなく、住心院となっているのは注意される。後述のように、正式に勝仙院が住心院と改号するのは晃諄のとき、宝永七年（一七一〇）四月二十九日である（三暦・祠曹雑識）。しかし「三暦」には澄存が寛永八年（一六三一）七月十八日に住心院の号を再興したともあり、「深仙灌頂系譜」晃玄の項には「住心院再興」ともある。また「伝法灌頂血脈譜」の晃玄の注には勝仙院と住心院が併記されていて、晃玄は公式の名称である勝仙院と併用する形で、住心院の号を使用していたのであろう。勝仙院には住心院と改号する意図が、永年にわたって醸成されていたのである。そして晃玄は寛文六年七月、「洛陽新熊野三所大権現造営募縁記」一巻を書いた（聖護院文書一四七箱六五号）。

寛文八年に聖護院道寛親王が園城寺唐院で入壇したとき、次壇二十八人の一人として晃玄も受法した。同年三月十八日、晃玄は大阿道晃親王から伝法灌頂を受けたのである（『園城寺文書』第七巻三一号「灌頂之記録」・天理図書館保井文庫所蔵「灌頂御開壇并御次壇人数書」）。そして晃玄は園城寺唐院で天和二年（一六八二）一月十五日、実成院明昭に（『園城寺文書』第七巻三四号）、元禄三年（一六九〇）九月二十四日、円了院晃諄に灌頂を授けている（『園城寺文書』第七巻四一号「伝法灌頂血脈譜」）。

貞享三年（一六八六）五月十五日、晃玄は聖護院道祐親王から、富士を除く駿遠両国の修験の仕置を申し付けられ、「年々入峯逐日繁昌、当道の忠勤なり」ということで駿遠両国の先達職に補任され（一五一号）、また同日、欠によって肥前国先達職に補任されている（一五二号）。元禄三年（一六九〇）には近江の井伊掃部頭領の犬上郡・坂田郡・愛知郡三郡の霞を、聖護院道祐親王から与えられた（一五四号）。

「六角興緒故実」によると、その後、勝仙院増堅が隠棲した因幡堂寺中の故地に桂芳院を再興し、みずからの隠棲の地としたという。晃玄は元禄七年（一六九四）五月十一日、六十一歳で没。墓は三井南院にある（住心院過去帳）。号は空称院である。

住心院（勝仙院改号）第十代晃諄　次は大僧正晃諄である。初めは晃存。史料的には晃諄と記すものが多いが、のちに晃仁と改めたという（京都大学文学部所蔵「千勝院伝」）。鍋島加賀守直能の子（住心院古代中興歴数并勝仙院歴代）。大納言小川坊城俊広の猶子（当院代々記）。延宝六年（一六七八）三月二十四日、権律師に任じ（一四六号）、延宝八年二月三日、権律師から法眼に昇叙し（一四七号）、延宝九年八月十六日、少僧都に任じられ（一四八号）、貞享二年（一六八五）五月二十二日、少僧都から大僧都に転任し（一五〇号）、貞享四年二月十三日、法眼から法印に昇叙し（一五三号）、元禄六年（一六九三）五月六日に権僧正に転任し（当院代々記）、元禄十三年十二月九日、権僧正から僧正に転任し（一五七号）、宝永二年（一七〇五）二月二十五日、僧正から大僧正に転任した（一五八号）。

元禄三年（一六九〇）九月二十四日に入壇し、同年十一月二十三日に住職（当院代々記）。元禄六年には聖護院道尊親王が入峯と継目を兼ねて江戸へ下向したとき随伴した（聖護院文書九三箱八号「江戸御下向記」）。また元禄七年四月十一日、道尊親王から丹波国先達職に補任されている（一五六号）。元禄十六年四月二十九日には聖護院道承親王得度の戒師を務めた（聖門伝）。

元禄八年分から遺されている「現参牒」（聖護院文書九一箱一号）を見ると、晃諄は聖護院道承親王が入峯した正徳三年（一七一三）まで十九度入峯し、ほとんど大宿を務めている。正徳三年（一七一三）七月五日には道承親王の入峯に先だち、大宿を勤める晃諄は積年の功労として紫房結袈裟を免許された（一五九号）。

宝永五年（一七〇八）三月、禁裏・仙洞御所が焼失した京都大火で勝仙院も類焼し、東山天皇から旧殿一棟を下賜され再建した（住心院寺院台帳・住心院明細帳）。

「三暦」は宝永七年（一七一〇）四月二十九日、勝仙院から住心院に改号したという。また「祠曹雑識」（高埜利彦「修験本山派院家勝仙院について」所引）によると宝永七年四月に、所司代松平紀伊守信庸が江戸へ、勝仙院から住心院に改めるよう伺いを出している。ちなみに先達仲間の入峯の「現参牒」（聖護院文書九一箱一号）も宝永五年（一七〇八）まで「勝仙院前大僧正晃諄」とあり、正徳元年（一七一一）から「住心院大僧正晃諄」と記されている。その間は欠失しているので「現参牒」では住心院に改めた年時が確定できないが、宝永七年に住心院に改号したということを傍証している。しかし「三暦」には澄存が寛永八年（一六三一）七月十八日に住心院の号を再興したとあり、先述したように晃玄が寛文六年（一六六六）頃には住心院号を使用していた事実もあり、宝永七年にまったく勝仙院号を止め、幕府向きにも公式に住心院と改号したということである。ともあれ、ここに鎌倉時代いらいの由緒をもつ住心院号が、勝仙院の号に替わって正式に再興されたのである。

なお、この改号は天和元年（一六八一）に播磨東一坊が伽耶院と改号し（大谿寺縁起・『播磨国三木郡志』）、元禄六年（一六九三）に東山千勝院が円成寺と改号し（京都大学文学部所蔵「千勝院伝」）、元禄年間に日向の陽慶坊頼英が蓮光院を称し始め、宝永年間（一七〇四～一一）に陸奥石川八大院が大蔵院と改号し、享保十六年

（一七三〇）頃に吉野山金光院が真如院と改号するなど、諸先達・年行事の改号の流れと軌を一にするものである。

晃諄は享保元年（一七一六）七月二十九日、若王子を兼帯し、享保四年六月二十三日に隠居、享保十三年九月三十日、六十二歳で没した。号退蜜院（当院代々記）。

住心院（勝仙院改号）第十一代晃珍　「住心院古代中興歴数并勝仙院歴代」は次に権僧正晃珍をあげている。二十余歳で若王子を兼帯したという。松平紀伊守信庸の息。松平信庸は晃玄の父家信の四代後裔で、享保二年（一七一七）に五十二歳で没している。同家はそれまでに丹波多紀へ転封し、五万石の所領があった（『寛政重修諸家譜』第一巻）。松平下野守信治の養子で、童名を嘉丸と称した。のち前内大臣久我通誠の猶子となった。享保二年三月六日に実年齢九歳で得度し（当院代々記）、四月三日、法眼に叙し（一六〇号）、同年十一月二十五日、少僧都に任じ（一六一号）、享保四年六月二十三日、晃諄の隠居にともない、住心院と若王子を兼帯した（当院代々記）。同じく享保四年八月に初入峯。享保六年四月、江戸へ下向し、登城して継目御礼を勤めた（当院代々記）。享保九年八月三十日、少僧都から大僧都に転任し（一六二号）、享保十一年十二月二十四日、法眼から法印に昇叙し（一六三号）、享保十六年九月二十四日、三井寺唐院で霊鷲院舜定から伝法灌頂を受けた（伝法灌頂血脈譜）。享保十七年十月二十四日に八千枚を修行し（当院代々記）、享保十八年六月七日、大僧都から権僧正に転任した。二十五歳という若さであった（一六四・一六五号）。そして同享保十八年九月二十一日には聖護院忠誉親王の得度の戒師を務めている（聖門伝）。元文三年（一七三八）八月に二度目の入峯。

寛保二年（一七四二）六月十七日、隠居。名を自敬と改めた。その前年寛保元年八月から嵯峨正円庵に閑居し、寛保三年八月に丹波篠山城下で閑居し、虚心庵と号した（当院代々記）。晃珍の隠居後、延享元年（一七四四）四月十九日、住心院は若王子誉章が兼帯し（当院代々記）、ついで同賞深の兼帯となったと察せられる（聖護院文書一四五箱一五号⑭）。明和六年（一七六九）に次の賞珉が入室するまで、住心院は実に二十五年もの間、無住の状態であった。定恵院権僧正晃珍は安永五年（一七七六）二月十五日、六十八歳で没した（一八四号「住心院過去帳」）。

住心院（勝仙院改号）第十二代賞珉　「住心院古代中興歴数并勝仙院歴代」（一八一号）は次に僧正賞珉をあげている。近江木辺、真宗木辺派本山錦織寺の良慈上人の息。明和六年（一七六九）九月二日、十一歳で住心院に入院得度し（戒師増賞親王）、ついで同明和六年九月六日に若王子を兼帯した（聖護院文書三一箱三号）。

明和六年十月十五日、法眼に直叙され（一六六号）、翌七年一月二十九日、少僧都に任じられ（一六七号）、安永元年（一七七二）十二月十五日、法印に昇叙し（一六八号）、同時に大僧都に転任し（一六九号）、天明二年（一七八二）に権僧正となった（一七〇号）。住心院は晃珍が二十五歳で権僧正に任じられたのが寺例であり（一六四・一六五号）、このとき賞珉はまだ二十四歳であったが、賞珉は同年、寛宮（盈仁親王）が入室得度する戒師となるため、とくに権僧正が許されたものである。

しかし、宝永五年（一七〇八）三月の焼失後、まだ完全な復旧がならない天明八年（一七八八）二月、京都大火で再び建物すべてを類焼し、土蔵三ヶ所を残すのみの惨状となった。その後、寛政元年（一七八九）に奉行所へ護摩堂・書院等の普請願いを出して再建に取りかかったが、天保十四年（一八四三）にいたっても、完全には未出来の状態であった（住心院所蔵「仮造作願書」）。

寛政十年（一七七二）二月三十日、権僧正から僧正に転任した（一七一号）。そして寛政十二年十一月八日、三井寺唐院において盈仁親王伝法灌頂の大阿となった（聖門伝）。如実院僧正賞珉は文化三年（一八〇六）五月十二日、四十八歳で没した。

「大小護摩御施主記」(聖護院文書九一箱六一～六九号)を見ると、たとえば文政六年(一八二三)に、住心院は将軍家・松平大膳太夫の大護摩、松平大膳太夫・井伊掃部頭・松平鶴太郎・伊達遠江守・毛利大和守・上林三入の小護摩を取次いでいる。そして幕末にいたるまで例年大護摩二座、小護摩六～七座を取次いでいる。戦国時代の勝仙院増堅いらい幕末まで、住心院と将軍家や毛利氏との関係が保持されていたのである。

住心院は文化に入った頃、若王子盈源の兼帯となっていたと察せられる(聖護院文書一四五箱一五号⑭)。

住心院(勝仙院改号)第十三代盈存　「住心院古代中興歴数并勝仙院歴代」は次に権僧正盈存をあげている。庭田一位重能の息。盈存は文化十年(一八一三)に十二歳で入院したと察せられる(聖護院文書一二箱五号)。先住賞珉が文化三年に没していらい、七年ほど住心院は無住であった。文化十一年一月二十七日、法眼に叙され(一七二号)、同年五月二十五日少僧都に任じ(一七三号)、文化十二年八月十一日、少僧都法眼から法印大僧都となった(一七四号)。「現参牒」(聖護院文書九一箱三号)には文政十一年(一八二八)に入峯第二度として未先達住心院盈存が現れる。天保二年(一八三一)十二月十日、権僧正に昇任(一七五号)。

住心院所蔵位牌の銘を見ると、盈存は天保九年(一八三八)十月二日、三十七歳(伝法灌頂時の年齢から算出)で没したことがわかるが、ただし天保十一年の「御日録」(一九箱五号)に「住心院権僧正盈存三十九歳」として現れ、翌年分からは現れない。その状況からすると天保十一年の入寂と察せられるが、事情は不詳である。その後、八年ほど住心院は無住となり、若王子盈源、ついで同雄厳が兼帯したと見られる。

住心院(勝仙院改号)第十四代雄真　雄真は正三位藤谷為知の三男。幼名多喜麿。母竹内氏。天保七年(一八三六)四月十三日生。雄真は嘉永元年(一八四八)二月六日、十五歳にして聖護院雄仁親王から受法し、住心院を相続、法印大僧都に任叙された（住心院明細帳・聖護院文書二三箱三号）。

嘉永二年（一八四九）三月、箕面山における神変大菩薩一千百五十回遠忌法会に末先達として参列した（聖護院文書一〇八箱七三号「葛城現参帳」）。元治元年（一八六四）七月、禁門の変の大火で住心院は類焼し、仮本堂を再建した。住心院はこの雄真の代に明治を迎え、神仏分離の試練を経て、近代の歩みを始めたのである。明治十五年（一八八二）十月二十日、雄真は聖護院住職となり、明治二十六年二月十七日に没した。なお幕末・明治の住心院については、本書の別稿の解説「幕末明治の住心院」を参照されたい。

住心院初代長乗について

坂口太郎

住心院初代の院主である長乗は、寛元二年（一二四四）に生まれた。出身は藤原北家の一流難波家である。難波家は飛鳥井家と並んで蹴鞠の家として知られ、その始祖の頼輔は「本朝蹴鞠一道之長」と称された（『新訂増補国史大系　尊卑分脈』一篇二一九頁）。長乗の父長定（長貞とも）は、鎌倉に下って将軍源実朝に仕え、歌道を以て奉仕するのみならず、建保元年（一二一三）の和田合戦において戦闘に加わって奮戦し、恩賞に浴している（『吾妻鏡』建保元年五月三日・十日条、九月二十二日条）。以後、難波家は鎌倉将軍家に仕える関東祗候廷臣として鎌倉末期まで続いた（湯山学［一九八八］）。

長乗は園城寺の寛乗法印のもとに入室し、出家をとげた。一印房と号し、公名を宰相と称した（『伝法灌頂血脈譜』、『武家年代記裏書』文保三年条）。長乗の弟頼遍も園城寺の僧であったようである（『尊卑分脈』一篇二二一頁）。

長乗の師寛乗は、修理権大夫平兼時の子で、聖迹房と号し、もとの法名は兼瑜という。暦仁元年（一二三八）十一月二十九日、蔵林房において猷尊前権僧正より伝法灌頂を授かった（『伝法灌頂血脈譜』）。文永五年（一二六八）八月、園城寺の衆徒は勅許を受けずに三昧耶戒壇を設け、寛乗を戒和尚として授戒を行わせた。この動きに危機感を抱いた延暦寺衆徒は嗷訴を起し、騒動となった。事態を憂慮した朝廷は、園城寺派の円満院・聖護院両門跡および六波羅探題に院宣を下し、寛乗は法印の位を解かれることになる。まもなく六波羅探題は使者を園城寺に派遣し、寛乗以下の関係者は召し捕えられ、流罪に処された。寛乗の配流地については当時の史料に見えないが、のちに弟子の長乗が寛乗の先例にもとづいて土佐国に流されたと『元徳二年三月日吉社並叡山行幸記』にあることから、土佐国と考えられる。弘安七年（一二八四）、寛乗は勅免を受けて本坊に戻り、二年後の弘安九年に入滅した。享年は八十一（以上、『天台座主記』、『五壇法日記』、『三井続灯記』）。

長乗は生来明敏であり、師の寛乗に経論を受けたさい、一読してたちどころにその大意を悟ったという（『三井続灯記』）。東寺観智院金剛蔵聖教『大毗盧遮那経広大成就儀軌巻上・下』や聖護院所蔵聖教『胎次第上供養会』などの奥書には、弘長元年（一二六一）八月から同二年五月にかけて、宇治平等院の外僧房において長乗が寛乗より伝受した旨の記載が見える（一九九～二〇一頁参照）。また、これ以外にも長乗は寛乗より『台密不動立印抄（不動立印伝受私記）』を相承している（渋谷亮泰［一九七八］七四七頁）。いずれも長乗の熱心な修学ぶりがうかがえる。やがて文永五年（一二六八）二月二十二日、長乗は寛乗より伝法灌頂を授かった。道場は千光眼寺である（『伝法灌頂血脈譜』、一八〇号「三暦」、一八二号「住心院伝記」）。密教以外にも、長乗は顕教に関心を持っていたようであり、親融法印に天台・倶舎の大旨を学んだことが『三井続灯記』に見える。

長乗は、永仁六年（一二九八）四月、静法院において実尋に伝法潅頂を授けて以後、二十五人の付法弟子に授法した（『伝法灌頂血脈譜』、一八〇号「三暦」、一八二号「住心院伝記」）。また、『三井続灯記』巻四「別当次第」によれば、長乗は園城寺別当の要職もつとめている。その在任期間は明らかでないが、前任者の観兼が正安元年（一二九九）十二月二十二日に別当を辞し、後任者である房海が延慶元年（一三〇八）十二月二十日にすでに別当となっているので、おそらく正安二年（一三〇〇）から徳治年間（一三〇六～〇八）にかけて在任したのであろう。ちなみに、別当を辞す前後の延慶元年（一三〇八）十一月二十二日、長乗は僧正に昇っている（『任僧綱土代』）。

さて、長乗は、晩年に大きな波乱を迎えることになる。かつて師の寛乗も辛酸を味わった戒壇問題である。以下、その経緯をくわしく見ておきたい。

文保三年（一三一九）、園城寺長吏に就任した顕弁僧正（北条顕時息）は、鎌倉より上洛して拝堂を遂げた。顕弁の拝堂からまもなく、園城寺では若輩の衆徒を中心に三昧耶戒壇を建立する気運が高まり、四月十三日には金堂供養にあわせて戒壇の建立におよんだという風聞が流れた。これによって、延暦寺衆徒は園城寺攻撃の姿勢を示し、また嗷訴の気配を見せる。長吏顕弁や聖護院・円満院両門跡は朝廷に起請文を進め、風聞が無実であることを述べたが、延暦寺側の憤懣は一向に収まらなかった。

四月十七日、事態は急展開を迎える。この日の夜半、甲冑を着した園城寺の衆徒二百人余りが長乗の住坊に向い、長乗を金堂供養の戒和尚として園城寺に迎え取るとともに、戒壇の設営を進めたのである。思いがけない出来事に直面した長乗は、「鬼にかみとらるゝ心ち」であったが、戒体を作法通りに読みあげたという。

これに驚いた長吏顕弁は上綱を遣わして制止し、あるいは門徒に命じて誡めたが、衆徒は一向に聞き入れず、寺内はにわかに緊張に満ちた状態となった。聖護院・円満院両門跡は、顕弁僧正より受戒していない受者が残っているため、衆徒が長乗を迎えたと朝廷に陳弁したが、衆徒らは金堂供養を終え、戒壇もすでに立て終わったと誇らしげな態度を表した。また、園城寺内には延暦寺の衆徒の攻撃を防ぐべく城郭が構えられた。このような園城寺の動きに激昂した延暦寺衆徒は、十九日に三塔僉議を開き、二十一日に園城寺に攻め寄せることを決定するとともに、その趣旨をしたためた事書を朝廷に奏聞する。

朝廷では、三月下旬より数度にわたって延暦寺の慰留につとめていたが、一触即発の事態にいっそう憂慮を深くし、四月十九日に戒壇・城郭の破却、長乗の配流を命ずる後宇多院の院宣が園城寺に下された。長乗は僧官を剝奪されるとともに、「宇治永業」という俗名を付けられた。配流地は、皮肉にもかつて長乗の師寛乗が流された土佐国であった。『元徳二年三月日吉社並叡山行幸記』に、京童が作った次の落書が見える。

長乗伝得寛乗罪　顕弁未成隆弁望

せきあへぬ　三井よりいて、　河舟の　はやくなかる、　宇治のなかのり

四月二十四日、園城寺では宿老の沙汰として戒壇・城郭の撤去が行われ、六波羅探題より実検使が遣わされた。これにより衆徒は寺内を退散したが、その隙をうかがって、深夜に延暦寺の衆徒が夜討ちを仕掛けた。備えのなくなった園城寺はひとたまりもなく、堂舎・仏閣・僧坊など全てが灰燼に帰した。平安時代以来、園城寺による三昧耶戒壇建立をめぐって、園城寺と延暦寺の熾烈な争いが繰り広げられたが、この文保の騒動を機に戒壇問題は終息を迎えることとなる。以上の経緯については、『花園天皇日記』、『武家年代記裏書』、『文保三年記』(国立公文書館蔵『大乗院文書』)、『元徳二年三月日吉社並叡山行幸記』、「後宇多院院宣」二通(『禅定寺文書』、『鎌倉遺文』三五巻二七〇〇七号・二七〇〇八号)、「配国上卿等注文案」(『禅定寺文書』、『鎌倉遺文』三五巻二七〇一〇号)、「近江園城寺学頭宿老等申状」(『古簡雑纂』一、『鎌倉遺文』三五巻二七〇一二号)などの関係史料があり、福尾猛市郎[一九三二]、平岡定海[一九八八]、永井晋[一九九九]などに詳しい考察がある。

さて、長乗は土佐に配流されたが、元亨元年(一三二一)三月に勅免を受けて本坊に戻った。翌四月、長乗は円明寺において広乗・俊弁・長祐・善胤・能範らに伝法灌頂を授けており、弟子への伝法に余念がなかった(『伝法灌頂血脈譜』)。なお、同書は以上の灌頂を「元亨八」とするが、一八二号「住心院伝記」によって「元亨

元」の誤りと判断した）。また、同二年十二月から同三年二月にかけて、長乗が「円明寺之松房」において弟子に『大毗盧遮那経広大成就儀軌巻上・下』や『胎次第上供養会』を与えたことが、それぞれの奥書に見える（一九九～二〇一頁参照）。灌頂の道場も円明寺であるので、長乗は同寺を居所として用いていたのであろう。『伝法灌頂血脈譜』や一八二号「住心院伝記」には円明寺を「新道場」と記すが、その所在は不明である。あるいは帰京後に建立したものであろうか。

長乗の入滅は、元亨三年十一月五日のことである（『伝法灌頂血脈譜』、一八〇号「三暦」、一八二号「住心院伝記」）。手に密印を結び、口に真言を誦して静かに亡くなったという。享年は八十（『三井続灯記』）。

【参考文献】

渋谷亮泰『昭和現存 天台書籍綜合目録・下 増補版』（法蔵館、一九七八年）
島田乾三郎編『仏家伝記索引』多行二「長乗」（大阪府立中之島図書館所蔵、〔請求記号〕三五一／三〇六）
永井晋「北条氏実泰流出身の寺門僧」（同『金沢北条氏の研究』、八木書店、二〇〇六年。初出一九九九年）
平岡定海「園城寺の成立と戒壇問題」（同『日本寺院史の研究 中世・近世編』、吉川弘文館、一九八八年）
福尾猛市郎「慈覚門徒と智証門徒の抗争について」（福尾猛市郎先生古稀記念会編『福尾猛市郎日本史選集』、福尾猛市郎先生古稀記念会、一九七九年。初出一九三一年）
湯山学「関東祗候の廷臣――宮将軍家近臣層に関する覚書――」（同『相模国の中世史 増補版』、岩田書院、二〇一三年。初出一九八八年）

『胎次第上供養会』（聖護院所蔵聖教C5・3）奥書

承徳元年十一月廿八日、賜大僧都御房御本、書写了。

同年十二月廿日庚子、於三井寺唐房、奉随別当大僧都御房、奉受了。一日之内奉稟之。　良行記之。

已上御本日記

保延四年正月廿日、賜大宝房法橋御房御本、書写之了。

次日以書本移点了。　即一校了。

同年同月廿一・廿二両日之間、奉従大宝坊法橋御房、奉受了。

願以此微少結縁趣、為大菩提種子云々。沙門守覚之記。

同年十二月十八日、理覚闍梨受印之次、重奉受了。

同受房覚君　珍伊公

元暦二年二月十六日、奉随別当大宝院法印御房、奉受了。

慶範記之。

建久六年五月六日、於月輪房已講御房座下、始奉受之。七日、奉受了。　西尊記生年十八度｜五

寛喜三年閏正月四・六両日、於摩訶智房僧都御房御座下、奉受之了。以古本交合。御本奉受了。

寛乗記

弘長元年八月廿日、奉従聖跡房律師御房、奉受之。但今日□至金剛手持花印伝受。後日悉伝受了。

長乗記

元亨二年十二月十四日、於円明寺之松房、奉従住心院僧正御房、奉受了。
同以彼御本、点挍了。

清浄金剛印祐
大威徳金剛重祐

『大毗盧遮那経広大成就儀軌巻上・下』（東寺観智院金剛蔵聖教第一九函第二号）奥書

（巻上奥書）
建久六年五月四・五両日、於月輪房已講御房御座下、奉受了。
献尊記
寛喜二年正月晦日、於广訶智房僧都御房御座下、奉受了。仰之雖可為当日、自遠所往還不便之間、一日読之了云々。以古本交合。奉伝受了。追以此本伝持了。
寛乗記
弘長元年八月十二日、於宇治平等院外僧房、奉従聖跡房律師御房、供養奉受了。
以古本、交合御房伝持之本。
長乗記
元亨二年十二月十四日、於円明寺之松房、奉従住心院僧正御房、奉受之了。
同以彼御本、書写交点了。

（巻下奥書）

寛喜三年三月十二日、於摩訶智房座下、奉受了。

同聴　幸尊阿闍梨　　　　　　　　　　寛乗記
弘長二年五月十三日、奉従聖跡房律師御房、読尊会儀軌、奉稟了。従胎儀軌上巻後次秘密主之分、令読始。同十四日、下巻奉受了。

　　　　　　　　　　　　　　　　　　沙門長乗
元亨三年二月十七日、給彼御本、書写之了。同廿五・六両日之間、奉随住心院前大僧正御房、奉稟之了。

（別筆）「宝暦八歳舎戊寅五月十六日、加繕装、納金剛蔵了。

　時定額僧貫首僧正賢賀年七十五戒六十六」

○京都府立総合資料館編『京都府古文書等緊急調査報告　東寺観智院金剛蔵聖教一』（京都府教育委員会、一九七五年）、松本光隆「鎌倉時代における胎蔵儀軌の訓読について――天台宗寺門派資料を中心として――」（『鎌倉時代語研究』二三輯、二〇〇〇年）による。

幕末明治の住心院

青谷美羽

はじめに

住心院の歴史を語る上で、維新期はひとつの重要な画期である。神仏分離によって配下の修験との結びつきが揺らいだのもさることながら、聖護院との関係もまた、この時期に大きく変化した。住心院はもとより聖護院と関係深いが、こと維新期に関しては、両者の歴史が複雑に重なり合い、切り離して描くことは難しい。

そのころ住心院には雄真が入っていた。嘉永元年（一八四八）、聖護院宮雄仁親王について得度し住心院を継いだ雄真は、維新の激動が修験道界を揺るがす中、住心院をまもり、さらには聖護院を支える柱ともなった。以下、住心院雄真の事績を軸に、住心院と聖護院双方の歴史を紐解いていきたい。なお、本文中に番号を示した史料はすべて聖護院文書である。

一　院家先達・護持僧として

雄真は天保七年（一八三六）四月十三日、藤谷三位為知の四男（次男、三男とも）として生まれた。幼名多喜麿、母は竹内惟徳女と伝わる。嘉永元年二月十九日、入寺得度にあたって雄仁親王から一字を賜り、名を雄真とした。二月二十七日法眼宣下、七月十二日少僧都宣下を受ける。また嘉永二年（一八四九）一月二十二日には大僧都法印となった（二三箱一―三号、一五四箱三号、聖護院文書目録外「大僧正雄真葬儀記録」、宮内庁書陵部蔵「華族系譜」）。

以来、雄真は修行を重ねる。嘉永三年（一八五〇）から翌年にかけ、雄仁親王について加行・諸尊法を修めた（一五四箱三号）。嘉永七年（一八五四）、聖護院が葛城で夷狄退攘祈禱を行なったさい、雄真は「当峯初度」と記録しており、この年はじめて葛城に入ったことが分かる（一二六箱三五―二号）。

安政二年（一八五五）七月、大峯入峯を果たした雄真は、同四年（一八五七）三月、雄仁親王を大阿として、若王子権僧正雄厳とともに伝法灌頂を受けた。雄真が雄仁親王の法流を伝えられたという事実は、のちに雄真自身のみならず、聖護院配下の修験にとっても大きな意味をなす。同年六月十五日、若王子とともに護持僧宣下を受け、同六年十一月二十一日には、雄真も権僧正に転任した（二六箱五号、二七箱四号、一三八箱三九・四〇号、一五四箱三号）。慶応二年（一八六六）二月十日にはさらに僧正に転任している（二九箱五号）。

護持僧としての事績は、万延元年（一八六〇）の例が伝わる。二月、仁孝天皇御忌の経供養導師を勤め、九月、勅を奉じて疾疫消除法を修したという（一五四箱三号、前掲「大僧正雄真葬儀記録」）。

雄真は院家先達として、また朝廷の護持僧として、着実に歩みを進めていた。ところが慶応年間にいたり、時代の流れが変革の波をもたらした。直接の契機は慶応三年（一八六七）十二月九日に発せられた王政復古の大号令である。これにより、門跡に入っていた親王は還俗を余儀なくされた。雄真の師である雄仁親王も、還俗して嘉言と名を復し、政府の職務についている。雄仁親王に続いて、院家若王子も還俗した。そのため仏事や修験道に直接関与することが難しくなり、聖護院の内部に空白が生じた。

さらに明治元年（一八六八）八月十一日、嘉言親王が没すると、聖護院宮の称号も失われる結果になった。

おりしも神仏分離の影響で、仏教界が急激な変化にさらされていた当時、聖護院宮の不在は聖護院配下の修験に動揺を与えた。貴種の入寺を前提とした門跡寺院のありようも、政府によって解体されつつあった。聖護院を支えようとする人びとは、さまざまな困難に直面しながら、修験を統率してゆく新たな体制と組織の構築を模索する必要に迫られたのである。

二　維新の混乱のさなかで

明治三年（一八七〇）三月、聖護院の寺内に修験道を統括する法務所が置かれたが、このとき雄真は法務所の中心となった（横山晴夫『三峰神社史料集』四、一三九箱三七号、一四二箱六八号、一四三箱一―九）。同年十月、雄真は南光坊有知から深山灌頂の秘法を相承した（前掲「大僧正雄真葬儀記録」）。また明治三年一月、院家華台院を兼帯し、同四年（一八七一）七月、さらに聖護院留守居を兼務している（一二八箱三号、一四八箱五七号、一五一箱九号、一五四箱三号）。この留守居は、近代法制のもと寺院に住職を置く前段階として、法令により設置されたものである。

その後、聖護院は、明治四年に門跡の称号、翌五年に修験の宗名が相次いで廃止される事態に見舞われた。聖護院は天台宗寺門派の一本山となり、住心院も同じく寺門派に帰入した（一五四箱二号）。なお雄真は戸籍を作るさい、生家である藤谷家に入ったため、この頃には藤谷雄真を名乗るようになった。

明治六年（一八七三）三月九日、十禅寺住職の田中敬心が正式に聖護院住職になると、藤谷雄真の名が聖護院の記録に見える頻度は低くなる。聖護院に残る記録類もこの時期は断片的で偏りがあり、資料上の制約から、住心院の様子をうかがい知ることは難しい。

雄真の活動がふたたび記録に見られるようになるのは、明治の十年代に入ってのことである。この頃、聖護院の住職は頻繁に交代し、旧門跡が寺門派の中に位置づけられていく過渡期の様相を呈していた。田中敬心が住職を退いたあと、明治十三年（一八八〇）一月に寺門派管長の山科祐玉が住職となり、翌十四年に長く無住となったさいには、住心院を含む六か寺が交代で住職の事務を行なっている。

それとは別に、聖護院に開設された寺門派中教院の運営に関する記録が明治十年（一八七七）から断続的に残されており、雄真が中教院の運営に携わっていたことが分かる（一五四箱三号ほか）。さらに明治十三年四月、聖護院が神変講社設置の認可を受け、独自の宗教活動を行なう基盤を得ると、雄真は講社の社長となり、修験道の修行を守り伝えることに活動の軸足を移した（一五二箱三号、一五五箱一号）。最後の聖護院宮雄仁親王の法脈を継ぐという意味で、雄真は旧本山派の修験を率いる指導者たりえたのである。

寺門派に属しながら小規模な入峯を続けてきたかつての本山派修験は、神変講社という新たな基盤をえて息を吹き返した。明治十四年（一八八一）以降、雄真の大峰入峯が記録に残り、同十六年は大阪府へ届出を行なった上で入峯している（一五二箱五―八号）。

この間の明治十五年（一八八二）十月、雄真は聖護院住職となった（一五一箱一三号、一五一箱六号）。雄真の聖護院兼住は、聖護院の末寺信徒の出願による。こうして住心院を柱に、聖護院が寺門派内で修験道の中心的役割を果たす準備が整えられた。この体制のもと、同十九年九月、明治になって初の深仙灌頂を執り行なっている（一五二箱一一号）。

雄真を中心にした体制は、聖護院が修験道の本山として独自の宗教活動を行なうという点において、近世までの姿に復したといえる。それは同時に、聖護院が寺門派内で、ある種独立した組織になりつつあったと言い換えることも可能である。その事実は必ずしも肯定的に受け止められるとは限らず、園城寺と聖護院との間に宗派運営上の摩擦を生んだ。

明治二十年（一八八七）七月、雄真は寺門派法務局から聖護院住職を退くよう求められた。聖護院の末寺惣代・信徒惣代は園城寺に猶予を願い出たが、願書は退けられる。この一件をめぐって聖護院が作成した嘆願書は、雄真が雄仁親王の直弟子であり、聖護院にとって欠くべからざる存在であると記す。そのため園城寺は、雄真が聖護院の配下を束ね、宗派を離脱する可能性を恐れたのではないかというのである（一五二箱一二号）。

聖護院住職をめぐる駆け引きは、一年にわたって続いた。そして明治二十一年七月、突如として決着する。園城寺の決定は雄真を寺門派権少僧正に昇補したうえ、ふたたび聖護院住職に任命するというもので、聖護院の希望が容れられたのである（一五二箱一三号）。

結果として藤谷雄真は、明治二十六年（一八九三）に病没するまで住心院住職と聖護院住職を兼ねた。園城寺との摩擦から一時は退住の間際にあったといえ、十年ものあいだ聖護院住職を務めた事実は、この体制の安定を物語っている。

三　雄真の死

雄真は明治二十六年二月十七日、肺結核で没した。死去の折りに作成された容体書によれば、明治二十四年の末から肺病の兆候が見られたという。明治二十五年三月、喀血に倒れたのち、症状の軽快をまって東京で外国人医師ベルツの診察を受けるなど、手を尽くしている。京都を離れ、江ノ島や鎌倉といった温暖な土地で療養することもあった。

しかし同年十月ごろから症状が悪化、翌二十六年一月にふたたび喀血する。そして二月、療養のため身を寄せていた住心院旧臣の小嶋家で死去した。享年五十七。死に瀕して大僧正への昇補を受けた。諡号は本覚心寺である。

葬式は二月二十二日、真如堂を借りて執り行われ、白川山字峠の墓地に埋葬された。従来の白川墓所はすでに官有地となっており管理が難しく、山田谷の旧修験墓地にも適当な場所がなかったため、乗願院から墓地を譲り受けたという（前掲「大僧正雄真葬儀記録」）。

雄真の死後、聖護院は一時無住となった。のちに原敬明が住職になるまで、積善院住職広橋善海が聖護院の住職事務を取り扱っている。雄真の後を継いだ住心院住職の記録や、雄真の遺言に類する史料は、これまでのところ発見できていない。雄真の死と同時に、住心院の記事は聖護院の記録から消えてしまう。住心院住職に関する次の確かな記録は、管見の限り、昭和十二年（一九三七）に住職となった内田徳純の代まで下る（聖護院所蔵「管内教師履歴台帳」）。

■編者紹介■

首藤善樹（しゅどう・よしき）
昭和24年生
現在　高田短期大学名誉教授　聖護院史料研究所所長
おもな編著書
『金峯山寺史料集成』（国書刊行会，平成12年）
『金峯山寺史』（国書刊行会，平成16年）
『本山修験飯隈山蓮光院史料』（至言社，平成20年）
『大峯葛城嶺入峯日記集』（岩田書院，平成24年）
『聖護院史研究』一～三（聖護院史料研究所，平成25年）
『聖護院史辞典』（聖護院史料研究所，平成26年）

坂口太郎（さかぐち・たろう）
昭和57年生
現在　京都造形芸術大学・近畿大学非常勤講師　聖護院史料研究所研究員
おもな論文
「後醍醐天皇の寺社重宝収集について」（上横手雅敬編『鎌倉時代の権力と制度』思文閣出版，平成20年）
「東京大学史料編纂所蔵『五大虚空蔵法記』について―後醍醐天皇と後宇多院法流―」（『古文書研究』第72号，平成23年）
「鎌倉後期・建武政権期の大覚寺統と大覚寺門跡―性円法親王を中心として―」（『史学雑誌』第122編第４号，平成25年）

青谷美羽（あおたに・みう）
昭和57年生
現在　京都造形芸術大学通信教育部非常勤講師　聖護院史料研究所研究員
おもな論文
「明治初年における修験道本山の動向―聖護院の事例―」（『山岳修験』37号，平成18年）
「明治期の聖護院大峰修行―近代の皇族と門跡との関係構築に関する一考察―」（『日本宗教文化史研究』23号，平成20年）

住心院文書《じゅうしんいんもんじょ》

2014(平成26)年3月20日発行

定価：本体6,000円(税別)

編　者　首藤善樹・坂口太郎・青谷美羽
発行者　田中　大
発行所　株式会社　思文閣出版
〒605−0089　京都市東山区元町355
電話 075−751−1781(代表)

印　刷
製　本　亜細亜印刷株式会社

ISBN978-4-7842-1744-1　C3021